科技金融创新发展研究系列丛书

宋砚秋　王瑶琪◎著

科技金融立体图景：
北京市年度观察（2018）

Science and Technology Finance Analysis:
The Annual Report on Beijing（2018）

中国财经出版传媒集团

经济科学出版社
Economic Science Press

图书在版编目（CIP）数据

科技金融立体图景：北京市年度观察：2018/宋砚秋，
王瑶琪著. —北京：经济科学出版社，2019.7
（科技金融创新发展研究系列丛书）
ISBN 978 - 7 - 5218 - 0698 - 4

Ⅰ. ①科…　Ⅱ. ①宋…②王…　Ⅲ. ①金融 - 科技发展 -
研究 - 北京 - 2018　Ⅳ. ①F832. 71 - 53

中国版本图书馆 CIP 数据核字（2019）第 144101 号

责任编辑：王　娟　张立莉
责任校对：齐　杰
责任印制：邱　天

科技金融立体图景：北京市年度观察（2018）

宋砚秋　王瑶琪　著

经济科学出版社出版、发行　新华书店经销

社址：北京市海淀区阜成路甲 28 号　邮编：100142

总编部电话：010 - 88191217　发行部电话：010 - 88191522

网址：www. esp. com. cn

电子邮件：esp@ esp. com. cn

天猫网店：经济科学出版社旗舰店

网址：http://jjkxcbs. tmall. com

北京季蜂印刷有限公司印装

710×1000　16 开　10.25 印张　210000 字

2019 年 10 月第 1 版　2019 年 10 月第 1 次印刷

ISBN 978 - 7 - 5218 - 0698 - 4　定价：58.00 元

科技金融创新发展研究系列丛书

总　编：王瑶琪　刘志东

编写委员会（按姓氏笔画排序）：

王志锋　王　遥　孙宝文　李文斌　李建军
李桂君　李　涛　宋砚秋　林则夫　欧阳日辉
赵文哲　高秦伟　郭　华　黄昌利　董新义

总　序

迈克尔·波特把国家竞争优势的发展分为 4 个阶段——"要素驱动"发展阶段、"投资驱动"发展阶段、"创新驱动"发展阶段、"财富驱动"发展阶段。党的十九大报告提出了新时代坚持和发展中国特色社会主义的基本方略，将创新列为新发展理念之首，要求坚定实施"创新驱动发展战略"。科学技术是第一生产力，实现创新驱动发展战略的核心在于科技创新。金融是现代经济核心，科技创新源于技术而成于资本，科技创新离不开金融创新的支持。历史上，每一次产业革命的出现都离不开金融制度的创新、保障和支持。

为了充分挖掘和实现科技创新的潜在价值，需要给科技创新插上金融资本的翅膀。为了实现科技创新、实体经济、现代金融的有机结合和良性循环，需要科技与金融两大系统之间深度融合。科技金融是金融业的一种业态，是科技创新与金融创新交汇融合的产物，是促进科技开发、成果转让和高新技术产业发展的金融工具、金融制度、金融政策与金融服务的系统性和创新性安排。科技金融是向科技创新活动提供融资资源的政府、企业、市场和社会中介机构等的主体，在科技创新融资过程中的行为活动组成的体系，是国家科技创新体系和金融体系的重要组成部分。科技金融体系通过金融、财税、信用工具等组合，对科技资源的潜在价值和市场潜力进行估值和风险定价，进而实现科技资源和金融资源的有效对接。

科技金融不是简单地把科技要素、金融机构和金融工具等简单的堆砌起来，而是依靠完善的科技金融生态系统才能实现其有机融合。单纯的要素堆积无法实现科技与金融间的融合，也体现不出科技金融的深度。

科技金融并不能简单地理解为一个金融工具、一个产业、一个范式或一个政策。科技金融是一项复杂的系统工程，需要精心的顶层设计，把众多科技要素、金融机构和工具、市场要素、政策等融合在一起，才能够健康成长。从系统工程角度看，完整的科技金融不仅包括科技要素和金融要素，还包括科技金融赖以生存和发展的生态系统。

　　按照党的十八届三中全会提出的围绕产业链部署创新链，围绕创新链完善资金链，鼓励金融资本、社会资本、科技资源相结合。可把科技金融的结构归结为基于产业链来部署创新链，而创新链并非空中楼阁，需要围绕创新链来完善资金链。但是，只有产业链、创新链、资金链还不够，还需要有服务链，也就是要打造"四链融合"。"四链融合"能检验科技金融的设计是否符合规律。其中，服务链是否形成是一个重要的标准。它是融合产业链、创新链、资金链的重要润滑剂，如果没有完善的服务链来提升它们的水准，产业链、创新链、资金链仍然是隔离的，仍然不是理想的科技金融。所以，顶层设计上一定要为实现"四链融合"去构造符合科技金融发展规律的生态系统。科技金融生态系统涉及人才战略、财税政策、土地政策等，只有将这些因素协同融合，才能够优化科技金融生态环境，有利于落实创新驱动发展战略的实施。

　　不同经济发展阶段的经济体具有不同的要素禀赋结构，不同产业的企业具有不同的规模特征、风险特性和融资需求。处于不同经济发展阶段的实体经济对金融服务的需求存在差异。当前，我国科技金融发展中存在金融产品创新供给与需求不匹配、中介服务体系不完善、市场活跃度不高等问题。应从顶层设计、产品创新、服务体系、政策支持等方面构建科技金融生态系统。组成由金融、科技、管理等多要素，科技金融产业、现代科技服务业等多领域以及人才、政策、平台、机制等共同作用的多维度、多层次科技金融生态系统。

　　改革开放以来，我国经济发展取得了辉煌的成绩，在40多年持续快速增长的支持下，已经成为世界第二大经济体，人均GDP步入中等偏上收入国家的行列。但是，随着2008年国际金融危机的爆发，高投资、生态环境破坏严重和资源耗费加剧的粗放型低技术含量增长模式的弊端日益凸显，已经不可持续。要实现中华民族伟大复兴的目标，必须坚定不移地贯彻科教兴国战略和创新驱动发展战略，坚定不移地走科技强国之路；依靠科技创新和技术进步大力推进结构调整和产业升级，实现经济社会可持续发展是当前面临的使命。

当今世界正处于百年未有之大变局，全球新一轮科技革命产业变革呈加速趋势，以信息技术深度和全面应用为特征的技术革命迅猛发展，带动应用领域的创新突破以及新业态的不断出现，数字化、网络化、智能化加速推进。

发达国家经过世界金融危机与经济危机的洗礼之后，重新调整了经济战略布局，倡导制造业回归，更加注重科技创新对实体经济发展的作用，纷纷出台和实施科技创新发展规划，以保持其在全球的领先地位。美国继2012年提出《先进制造业国家战略计划》后，2019年发布了《美国先进制造业领导力战略》；德国在实施"工业4.0"的基础上，新出台了《国家工业战略2030》；日本提出《机器人新战略》和"社会5.0战略"，加紧在智能制造领域进行战略布局。

经过新中国成立70年特别是改革开放40多年来的快速发展，中国已经成为具有重要影响力的制造业大国，但总体来看依然大而不强、强而不精，整体发展质量不高。

近年来，中国经济下行压力逐步加大，GDP增速从2010年的10.3%降到2018年的6.6%。出现这种变化，一方面是由于经济发展到一定阶段后的规律性现象，另一方面是由于新旧动能转换滞后。要改变这一局面，就必须依靠创新、协调、绿色、开放、共享的新发展理念，转变发展方式，实现高质量发展。当前，大数据、云计算、人工智能与制造业的结合不仅为传统生产要素赋能，同时也打破了劳动力、资本、土地等有限供给对经济增长的制约，为产业持续升级、转型发展提供了基础和可能。

随着大数据、人工智能和区块链等前沿技术的应用研究更加深入，这些前沿技术在金融领域的应用场景正变得逐步清晰，客户用户画像、智能投顾服务、结合区块链技术的证券发行和交易、基于大数据的风险监控与管理已成为重要的金融科技应用，科技对金融的变革影响程度更深，金融行业发展也更依赖于科技进步。传统金融机构、新兴科技公司（互联网）、支持服务企业（通信、基础设施、专业服务）等通过科技驱动构建新的金融生态，包括移动支付、P2P网贷、股权众筹、互联网销售（基金、保险等），消费金融、企业金融服务、征信与数据服务等业态。数据研究公司（IDC）的报告指出，2017年全球移动支付金额已突破1万亿美元。花旗集团（Citigroup）研究报告显示，金融科技行业近年来吸引的投资额快速增长。人工智能伴随神经网络的发展，使深度学习成为可能，金融科技将愈加去中心化、平台化和大众化，更好地解决传统金融领域中的痛点，如个性化服务、信息不对称等。

科技金融和金融科技的发展，无疑都需要创新赋能。科技与金融融合的障碍主要是金融机构面临风险和收益匹配关系的选择。由于科技金融工作的着力点是科技成果的转化和资本化，即科创企业的初创期和成长期，恰恰是投资的高风险期，难以满足传统金融机构特别是银行的低风险要求。

因此，科技金融的创新与发展，就是要创新金融产品和服务，降低投资风险，赋能金融资源支持科技创新。在特定的应用场景下，科技金融和金融科技自然会融合发展。

尽管"科技金融"这一概念近年来在国内被广泛提及，并频频出现在大量媒体和学术期刊上。但是在数字化、网络化、智能化发展趋势下，适应新技术和新业态的科技创新与融资渠道之间的相互依存关系，依然是一个有待继续深入研究的领域。新一轮科技革命产业变革呈加速趋势下，科技金融的创新与发展，仍然是一个非常有价值的研究课题。

为此，在准确把握新时代国家创新驱动发展战略对金融服务需求的基础上，梳理金融支持技术创新的路径，分析金融支持和促进创新驱动发展的机制，通过构建与实体经济发展相适应的科技金融支持体系，有效发挥金融体系的动员储蓄、管理风险、处理信息、便利交易、公司治理等优化资源配置功能具有重要意义。

本系列丛书是在课题组承担北京市教育委员会中央在京高校重大成果转化项目《面向"双轮驱动"的北京市科技金融发展战略与实施路径》基础上的研究成果。

　　北京作为全国的政治中心、国际交流中心、文化中心和科技创新中心，其科技创新是其发展的强劲动力，文化创新更是其发展的重要组成部分。本系列丛书以科技创新和文化创新为"双轮驱动"发展战略的研究内容，其研究以金融为主轴，以驱动科技创新和文化创新两轮高速有序运行为目标，构建了科技金融、文化金融、数字金融、绿色金融、区域金融等协调发展并互为补充的应用场景，在政策激励、法规规范和制度保障的环境下营造出产业和成果不断转化的新时代科技金融发展战略。丛书按照预设的研究计划和技术路线，围绕相关内容展开分析、探索与研究，取得了预期的研究成果。

　　本系列丛书的研究成果有助于深化科技、文化、环保与金融之间的融合，促进成果转化，推进北京和全国经济的发展。在当前全球经济深度调整、中国经济增速放缓的大背景下，科技创新活动日趋成为经济和社会发展的主要驱动力。我国受资源、环境等因素的制约，必须加快转变传统的经济增长方式，转为依靠科技创新和金融创新来支撑经济社会发展。科技创新离不开科技型中小企业的智力支撑，而这些中小企业的发展又需要金融业的资金支持。具体来看，通过研究商业银行内部如何创新金融组织形式、如何创新合作模式，以支持科技创新企业的发展，有助于为商业银行建立推动科技金融服务的互动机制提供思路。通过研究适应科技型企业特点的信贷管理制度、差异化的考核机制，以及风险定价机制，有助于强化这些企业的风险管理能力，并进一步研究担保机构对科技型中小企业的贷款和风险补偿机制。通过研究银行如何开展对科技型企业的信用中介作用，有助于为科技和金融的结合奠定基础。科技进步也为金融创新提供了强大的技术支持，互联网金融在经济发展中将会发挥重要的基础性作用。

　　北京作为历史文化名城，具有丰富的文化资源优势。随着文化产业投融资体系的发展和成熟，与科技金融一样，文化金融也必将成为搞活文化企业的关键所在，并成为不断发展壮大的文化产业的重要支撑。文化金融是文化创新的重要途径，更是文化创新的关键环节。通过文化企业与银行、证券、保险等金融机构的全方位合作，一方面，不断推动了银行文化信贷产品的创新和保险、债券等一系列产品试点的创新；另一方面，也为解决文化企业融资难题搭起了一座座通向国内外市场的桥梁。因此，文化金融的提出以及全服务链体系的搭建，不仅是破解目前文化产业投融资难题的一个新突破口，更是全面推进金融创新工作的切入点。

在环境保护方面，低碳经济已成为当今社会各界的共识。发展低碳经济的过程中必然会产生与碳交易相关的各种金融活动，包括碳排放量的交易规则、碳排放量的交易场所，低碳经济型企业的发展等诸多问题，因此环境保护和低碳经济的发展必然要推动传统金融向碳金融研究的转变。我国在碳金融上起步缓慢，在国际碳交易市场的议价能力不够，谈判能力不强，因此通过对碳金融的研究从而充分建立起我国的"环境金融市场"以促进低碳经济型企业的发展就成为当前决定北京乃至全国实体经济能否持续健康发展的重要环节。

本系列丛书研究成果将更有效地服务于北京市的各项发展规划。通过对科技金融的研究特别是其中科技型中小企业融资和科技银行建立等问题的探究，对北京市政府关于科技型中小企业融资服务平台建设、科技型中小企业信用风险评估等相关政策的制定和出台具有参照、引领支持和决策借鉴作用，同时互联网金融平台和模式的研究对北京市政府如何识别并规制互联网金融风险也具有重要理论意义。对文化金融的研究对市政府如何发展文化创新，促进文化创意产业集群发展具有重要的支持作用。对碳金融、环境金融、气候金融的相关课题的研究，如碳交易规则的制定、环境金融市场建立的探讨、低碳经济型企业的发展等，对市政府如何完善环境保护的金融机制，改善首都环境状况，促进首都经济的持续健康增长具有重要的决策参考与基础性支持作用。

中央财经大学科技金融研究点面结合，经过近六年的重点攻关，针对科技金融领域的若干重点、热点课题展开研究，已经取得一定的成果。其中在科技型中小企业融资、科技银行的建设方案、互联网金融平台的构建设计、碳金融机制的研究、气候金融产品的创新开发等方面均取得了突破性的进展。这些成果需要进一步转化为生产力，从银行层面、企业层面、信用体系层面以及政策设计四个层面对科技金融学科方向作进一步细化，全面转化，为实体经济服务。中央财经大学科技金融课题组已经取得一些有影响力的成果，在科技金融、互联网金融、数字金融、低碳经济、碳金融、绿色资本市场和环境金融等重要领域已形特色鲜明的成果，为北京市、国家科技创新发展与环境保护决策提供了重要的理论成果支撑。众多的前期研究成果逐渐实现转化，真正发挥服务经济、服务社会、服务国家战略的作用。

　　我们在研究过程中得到了相关科技系统、财政系统、金融系统、科研院所、企事业单位等诸多部门的大力支持，参考了众多科技金融研究领域先行者的研究成果，得到了经济科学出版社王娟女士的大力帮助和指导，她和各位编辑为本系列丛书的顺利出版付出了辛勤劳动，在此表示衷心感谢！

　　本系列丛书是课题组成员集体劳动与团队合作的成果，丛书中不足之处请读者给予批评和指正。欢迎更多的有志之士关注和支持新技术变革下的科技金融创新与发展。

王程琪

2019 年 9 月 9 日

前　言

对"科技金融"这一概念的认识起源于王瑶琪教授的课题：《面向"双轮驱动"的北京市科技金融发展战略与实施路径》，为了能够更准确把握科技金融的内涵和外延，课题组在 2014～2018 年对相关主体进行了广泛的调研和访谈。包括政府管理部门——北京市金融局、北京市海淀区金融办、深圳市科技金融服务中心、深圳市南山区科技创新局、惠州仲恺高新区科技创新局等；科技创业企业——北京仰联信通技术有限公司、北京诺兰信生化科技有限责任公司、SUN STAR 服装高级定制会所、深圳市五鑫科技有限公司、深圳市和西智能装备股份有限公司、深圳市创凯智能股份有限公司、惠州市德赛西威汽车电子股份有限公司、惠州亿纬锂能股份有限公司等；科技金融提供者——国家开发银行资金局、中国人民银行中心支行金融创新科、北京银行中关村分行小企业事业部、汉口银行、中信银行大兴支行、渤海证券直投部、中融信托产业投资部、建银文化产业股权投资基金、银谷财富、京都贷、联合资信评估公司等；金融服务者——车库咖啡、深圳市商弈投资管理有限公司等。

在多轮调研和讨论的基础上，课题组结合已有研究和国外实践，给出科技金融的定义："科技金融并不能简单地理解为一个金融工具，一个产业，一个范式或一个政策。科技金融是一项复杂的系统工程，需要精心的顶层设计，把众多科技要素、金融机构和工具、市场要素、政策等融合在一起，才能够健康成长。从系统工程角度看，完整的科技金融不仅包括科技要素和金融要素，还应包括科技金融赖以生存和发展的生态系统。"考虑到科技金融系统中多主体及其环境在竞争、演化、共生、协同等相互作用下形成了一个开放的有机统一整体，这正是生态系统在科技和资本领域的映射，因此本书进一步升级到"科技金融生态系统"层面，提出了包含创新价值链、科技链、资本链和服务链的科技金融生态系统立体图景。既是对课题组已有研究的拓展，也给科技金融理论和实践提供了系统性思考的可行方案。

本书共包括三个主要部分：第一章首先提出科技金融生态系统立体图景，该生态系统由创新价值链、科技链、资本链和服务链构成，反映了产业、科研院所、政府、资本市场、金融服务与中介机构等利益相关者在生态系统中的角色和关系，构建了本课题研究科技金融问题的理论框架和基本思想。同时以北京市2010年以后的统计数据为基础分析其在科技金融生态系统中不同链条上的表现，是对该立体图景的展示和验证。第二章围绕北京市十六个区县的科技金融投入和产出数据，测算2014～2017年的科技金融效率。该效率主要针对资本链与创新价值链的转化进行分析，选择科技财政支出、银行贷款、风险投资等资本链上的重要指标作为输入，以专利申请量和技术市场成交额作为创新价值链上的创新产出，旨在计算和分析北京市各区县将资金转化为科技创新成果的能力。第三章则以十六个区县为主体，按照科技金融生态系统立体图景的框架，展示各区县在产业发展、科技资源、金融支持体系和科技金融服务体系方面的表现及特色实践，可为其他地区发展科技金融生态系统提供借鉴和参考。

本书由王瑶琪总体策划，宋砚秋统筹和执行。感谢齐永欣博士在数据收集和北京市各区县科技金融效率评价和分析方面付出的辛勤努力；感谢周小叶、王欣娥、陈镜濂、孙德鑫、李佳等科研助手在北京市各区县科技金融生态系统数据收集和整理中的工作；此外参与本书资料收集的还有黄凌莉、付梦晗、许岢鑫等同学。

本书编写过程中查阅了大量政府工作报告、网站、新闻和相关书籍文献，并应用了部分著作及文献资料，在此对相关文献的作者和单位深表谢意。最后还要感谢经济科学出版社领导和责任编辑等工作人员为本书出版所付出的辛勤劳动。本书的写作和出版得到了国家自然科学基金面上项目

"创新生态系统协同演化机制设计及实证研究"（项目号 71872197）的资助。

限于作者水平及阅历，本书难免有不足和遗漏之处，恳请广大读者和专家批评指正。

宋砚秋

2019 年 7 月于北京

目　录 CONTENTS

第一章

北京市科技金融概况

第一节　科技金融生态系统立体图景

科技金融是促进科技开发、成果转化和高新技术产业发展的一系列金融工具、金融制度、金融政策与金融服务的系统性、创新性安排，是由向科学与技术创新活动提供融资资源的政府、企业、市场、社会中介机构等各种主体及其在科技创新融资过程中的行为活动共同组成的一个体系，是国家科技创新体系和金融体系的重要组成部分①。

科技和金融作为经济增长的"双引擎"，缺一不可。科技金融是新时代实现科技和金融更加紧密结合的可行方式。科技创新离不开金融体系的强力支撑。党的十九大报告中指出金融体系未来发展重点应注重："深化金融体制改革，增强金融服务实体经济能力，提高直接融资比重，促进多层次资本市场健康发展。"科学技术成果产业发展正是实体经济的重要支柱，促进科技和金融紧密结合，能够为我国科技进步和经济发展提供强大动力。

科技金融是科技和金融有机结合的创新生态系统。围绕创新价值链从知识开发到成果转化，进一步实现价值转化这一实体经济增长的过程。科学技术发展为其提供了丰富的科技成果和科技人才；政府、银行、风险投资机构、多层次资本市场等金融主体通过创新的金融产品、丰富的金融手

---

① 赵昌文、陈春发、唐英凯：《科技金融》，科学出版社 2009 年版。

1

段来促进科技型企业的价值转化、实现创新产品和服务的规模化及产业化。在这一过程中，来自政府和市场的服务与支持起到了不可或缺的催化作用，其中，既包括政府的政策支持、创业服务和平台建设，又包括来自金融服务机构的孵化器、众创空间、科技保险和财务顾问等。

为了更系统地描述科技金融生态体系，本书结合创新生态系统的定义及科技金融概念，构建了科技金融生态系统立体图景。将整个科技金融生态系统分为四个链条：创新价值链、科技链、资本链、服务链。并据此对北京市科技金融生态系统发展状况进行深入分析，见图1.1。

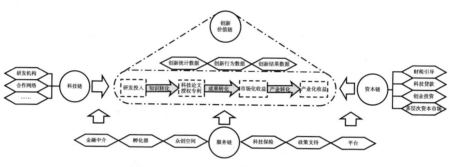

图1.1　科技金融生态系统立体图景

北京市科技金融生态立体图景是全面展现现阶段北京市科技发展、金融发展、科技和金融协同发展的框架，从系统的角度刻画了北京市整体科技金融发展现状。北京市作为中国科技和金融中心，具备大量的科研单位、活跃的创新创业活动和丰富的金融资源，为构建基于科技金融生态系统的数据分析奠定了基础。

第二节　创新价值链

创新是从要素投入到创新产出的一个多阶段、多要素的价值链传递过程。包括知识开发、成果转化和产业化三个阶段。在知识开发阶段，创新投入主要指企业的研发经费和科研人员，创新产出主要表现为专利和论文数量。在成果转化阶段，创新主体将第一阶段的知识转化为市场需求的产品，从而实现科技成果向市场化产品的转化，主要产出指标可以用技术市场成交额和新产品销售收入来表示。在产业化阶段，创新主体通过固定资产投资实现产品的规模化生产，即科技成果由市场化向产业化的转化，并产生技术扩散，从而带动整个产业的发展，通常用高新技术产业产值来衡量。

一、知识开发

（一）投入：研发经费

2017 年，北京市企业研发投入持续增加，达到 1579.70 亿元，同比增长 6.75%，处在全国较高水平，自 2011 年来，增长速度逐年下降，但已趋于稳定。研发投入强度始终保持在 5%～6%。2017 年，北京市研发强度（研发投入占 GDP 的比重）达到 5.64%，为全国最高。但研发强度自 2013 年后逐步下降，在 2017 年达到了近 7 年来的最低水平。研发投入的绝对值虽然逐年上升，但是研发投入的增速却落后于生产总值的增速，见图 1.2。

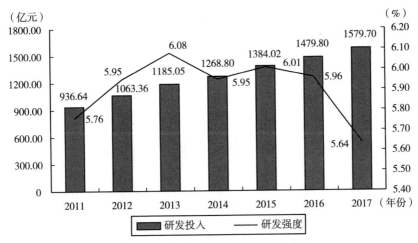

图 1.2　北京市研发经费投入年度分布

资料来源：国家统计局社会科技和文化产业统计司：《中国科技统计年鉴 - 2017》，中国统计出版社 2017 年版。

其中，北京市高新技术产业研发投入在 2016 年达到 129.93 亿元，同比增长 8.07%，占北京市总研发投入的比重为 8.75%，见图 1.3。

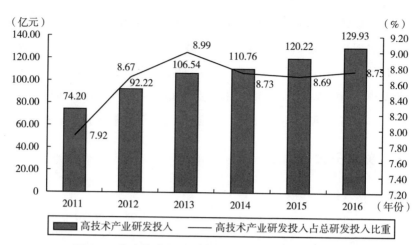

图1.3　北京市高新技术企业研发经费投入年度分布

资料来源：国家统计局社会科技和文化产业统计司：《中国科技统计年鉴－2017》，中国统计出版社2017年版。

（二）投入：研发人力资本

近6年来，北京市研发活动中人力资本投入逐年上升。2016年，北京市研发活动人员达到37.34万人，相比上一年增长6.47%，而折合成研发人员全时当量可达到25.33万人/年，较上一年增长3.10%，见图1.4。

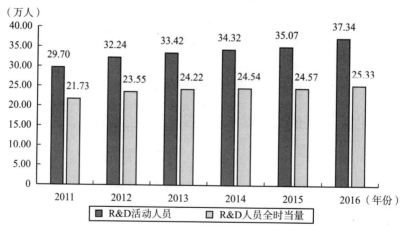

图1.4　北京市研发人力资本投入年度分布

资料来源：国家统计局社会科技和文化产业统计司：《中国科技统计年鉴－2017》，中国统计出版社2017年版。

4

2016 年，北京市基础研究人员全时当量为 4.63 万人/年，应用研究人员全时当量为 6.37 万人/年，试验发展人员全时当量 14.33 万人/年，见图 1.5。

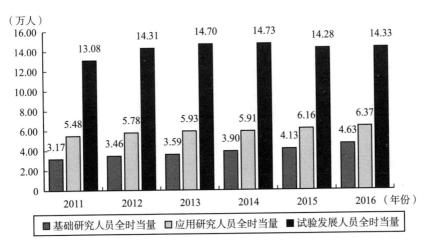

图 1.5 北京市研发人力资本投入类型分布

资料来源：国家统计局社会科技和文化产业统计司：《中国科技统计年鉴－2017》，中国统计出版社 2017 年版。

（三）产出：专利数量

2017 年，北京市知识产权创造数量持续增长，质量不断提高。全市专利申请量为 185928 件，同比下降 1.69%；发明专利申请量达 99167 件，占比 53.34%，同比增长 1.8%。专利授权量 106948 件，同比增长 4.5%。发明专利授权量 46091 件，同比增长 11.3%，见图 1.6。万人发明专利拥有量 94.6 件，位居全国第一。有效注册商标 113.27 万件，同比增长 25.79%。软件著作权登记量 125015 件，同比增长 51.6%。植物新品种申请量为 511 件，同比增长 31.7%[1]。

（四）产出：论文检索数量

北京市的高校数量位列全国第一，而论文的产出来源主要是各高校。

---

[1] 董兆瑞、高星：《2017 年北京万人发明专利拥有量居全国第一》，人民网，2018 年 4 月 19 日。

图 1.6　北京市专利产出年度分布

资料来源：国家统计局社会科技和文化产业统计司：《中国科技统计年鉴－2017》，中国统计出版社 2017 年版。

近年来，北京市外文论文发表数量增长迅猛，在 2015 年三大外文检索论文数已达到 93502 篇，同比增长 14%，见图 1.7。其中 SCI 论文检索数量为 46179 篇，EI 检索数量为 38460 篇，CPCI－S 检索数量为 8863 篇，只有 CPCI－S 的论文检索数量较上一年有所减少。

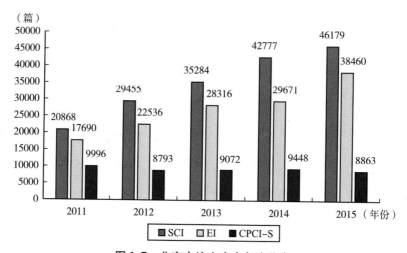

图 1.7　北京市论文产出年度分布

资料来源：国家统计局社会科技和文化产业统计司：《中国科技统计年鉴－2017》，中国统计出版社 2017 年版。

二、成果转化

（一）产出：技术市场成交额

近 7 年来，北京市技术市场成交额逐年增加，2017 年达到 4486.89 亿元，为全国之最，且远远领先于其他省份。经过几年的成长，数额相比 2011 年扩大了 1 倍多，在创新成果转化方面取得了瞩目成绩。同比增长 13.85%，相比 2016 年增速有所减缓，见图 1.8。

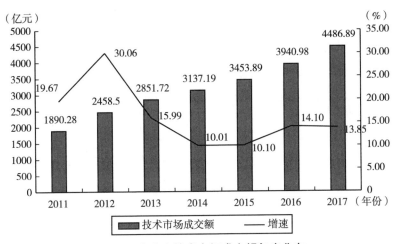

图 1.8 北京市技术市场成交额年度分布

资料来源：国家统计局社会科技和文化产业统计司：《中国科技统计年鉴－2017》，中国统计出版社 2017 年版。

（二）产出：新产品销售收入

截至 2016 年，北京市高技术产业新产品销售收入为 1768.43 亿元，同比增长 10.68%；占高技术产业主营业务收入的 41.04%，自 2011 年以来始终保持在 40% 左右，说明北京市高技术产业持续推出创新产品，且是企业收入的主要来源，见图 1.9。

三、产业化

（一）产出：高技术产业

2016 年，北京市高技术产业主营业务收入为 4308.54 亿元，同比增

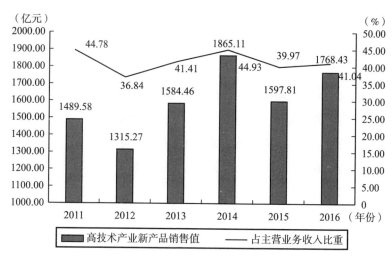

图 1.9　北京市新产品销售收入年度分布

资料来源：国家统计局社会科技和文化产业统计司：《中国高技术产业统计年鉴－2017》，中国统计出版社 2017 年版。

长 7.79%，为近 6 年来最高值，见图 1.10。与北京市工业企业产值进行对比可发现，二者基本持平，这说明高技术企业的经营和生产活动在北京市经济发展中起到越来越重要的作用。

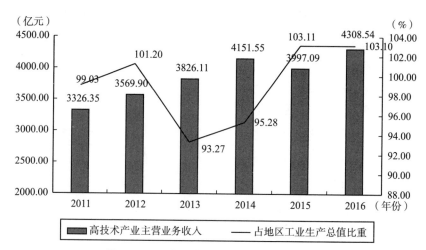

图 1.10　北京市高技术产业收入年度分布

资料来源：国家统计局社会科技和文化产业统计司：《中国高技术产业统计年鉴－2017》，中国统计出版社 2017 年版。

（二）产业园区

在北京市六大高端产业功能区（中关村国家自主创新示范区、金融街、北京商务中心区、北京经济技术开发区、临空经济区和奥林匹克中心区）中，科技创新主要集中在中关村国家自主创新示范区（包括一区16园）、北京经济技术开发区和临空经济区。2016年，中关村国家自主创新示范区仍然是北京重要的创新发展引擎，见图1.11。

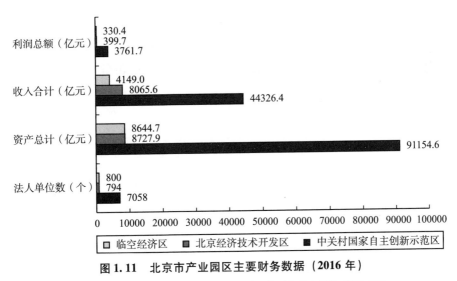

图1.11 北京市产业园区主要财务数据（2016年）

资料来源：北京市统计局：《北京统计年鉴2017》，中国统计出版社2017年版。

高技术企业及科技型中小企业快速增长。截至2016年，北京市国家级高新技术企业达到25288家。截至2017年，北京市已有5211企业被认定为瞪羚企业。在全国164家独角兽企业中，位于北京的有70家，占比42.68%，其中包括滴滴出行（560亿美元）、小米（460亿美元）、美团点评（300亿美元）、今日头条（200亿美元）、借贷宝（107.7亿美元）等超级独角兽企业[①]。

---

① 科技部火炬中心：《2017中国独角兽企业发展报告》，中国日报网，2018年3月23日。

第三节 科技链

现阶段，北京市作为全国科创中心重点建设区域，拥有五方面的优势。

一、创新资源密集

拥有高校 91 所，中央与地方各类研究机构 300 余所，国家认定的高新技术企业 25288 家。截至 2018 年末，北京市累计共有 1803 位人员获得了首都地区科技新星的称号，累计共有 240 人获得首都地区领军人才称号。[①]

二、创新要素丰富

2017 年，北京市拥有科技活动人员 810195 人，"千人计划"人才 1300 余人，占全国的 25%。

截至 2018 年末，北京市共有 457 家市级重点实验室，312 家北京市认定的工程技术研究中心，556 家北京市企业科技研究开发机构，15 家国家级大学科技园、14 家市级科技园，370 家北京市国际科技合作基地。[②]

三、创新成果富集

2016 年，北京市获得国家科技进步奖 47 项，国家技术发明奖 10 项，科技成果登记数 728 项。2017 年，专利申请量 185928 件，授权量 106948 件[③]。

2017 年，中关村示范区拥有企业国家重点实验室 37 个，国家企业技术中心 77 个[④]。

[①②] 北京市科学技术委员会：《权改革科技创新中心——资源服务》，北京市科学技术委员会官网。

[③] 北京市科学技术奖励工作办公室：《2016 年度北京获国家科学技术奖情况》，北京市科学技术委员会官网。

[④] 海淀园管委会：《中关村科技园区海淀园》，北京市海淀区人民政府官网，2018 年 3 月 5 日。

四、创新动能强劲

金融、信息、科技服务三大优势产业对经济增长贡献率超过70%。2018年1~6月，中关村示范区实现收入近24614.6亿元，同比增长14.9%。中关村的新动能还在形成和扩大①。

五、辐射作用突出

北京市技术合同成交额占全国的34.5%，其中71.3%以上输出到国内其他省（市、区）和国外。

第四节 资 本 链

科创企业的发展离不开金融资本的支持，目前北京科创企业的融资渠道主要有两种，一是政府资金建立基金或者母基金引导民间资本进入科技企业；二是多样化的科技企业股权融资渠道，包括财税引导、科技贷款、创业投资、多层次资本市场等。

一、财税引导

（一）政府科技投入

近7年，北京市逐年加大科技资金投入力度，重点用于支持科技研发、人才培养、科技成果转化等。财政科技资金投入从2011年的183.07亿元，增长至2017年的361.76亿元。2017年增速达到26.59%，为近7年来最高增速，见图1.12。

2016年，在北京市研发内部支出中，有54.06%的资金来自政府，自2011年来，研发投入中政府投入占比都超过50%，表现出强烈的政府引导性；而在北京市高技术产业中，研发投入中政府投入占比一直在20%以

---

① 中关村科技园区海淀园管理委员会：《2018年1~6月中关村示范区创新发展情况》，中关村科技园区海淀园管理委员会官网，2018年8月13日。

下。同时，2016 年，在北京市研发投入中，政府投入占企业投入的比重为 142.39%，说明政府投入到研发中的资金比企业自身多了 1 倍，而在高技术产业中，这一比重只有 16.10%，政府财政在高技术产业中的引导作用还需增强，见表 1.1。

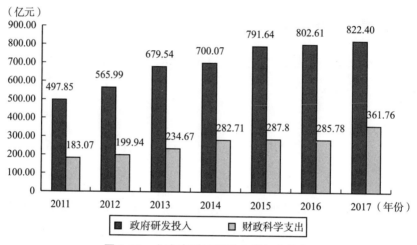

图 1.12　北京市财政科学支出年度分布

资料来源：国家统计局社会科技和文化产业统计司：《中国科技统计年鉴–2017》，中国统计出版社 2017 年版。

表 1.1　　　　　　　　　北京市主要财务数据（2016 年）

年份	研发投入中政府投入占比（%）		研发投入中政府投入占企业投入的比重（%）	
	整体	高技术产业	整体	高技术产业
2011	53.15	10.63	154.15	12.70
2012	53.23	13.73	153.54	16.84
2013	57.34	16.54	169.41	21.15
2014	55.18	16.02	161.05	20.41
2015	57.20	17.05	167.64	22.52
2016	54.06	13.21	142.39	16.10

资料来源：国家统计局社会科技和文化产业统计司：《中国科技统计年鉴–2017》，中国统计出版社 2017 年版；《中国高技术产业统计年鉴–2017》，中国统计出版社 2017 年版。

专栏

首都创新券

● 主要用于鼓励本市小微企业和创业团队充分利用国家级、北京市级重点实验室、工程技术研究中心、北京市设计创新中心以及经认定的公共服务机构（以下统称实验室）的资源开展研发活动和科技创新，由政府发放。小微企业及创业团队可在向实验室购买科研成果时使用，收取创新券的单位持创新券到指定部门兑现。

● 首都科技创新券在 2014～2017 年三年间已累计投入 1.4 亿元资金，服务了 2115 家小微企业和 111 家创业团队的创新资源需求方，支持了 2402 个创新券项目。

● 2018 年 4 月，首都科技创新券政策进行了全新的调整，主要体现在以下几个方面：一是提高支持力度。加大专项资金总盘子，差额累退比例由原来的 50%、25%、10% 调整为 90%、60%、30%。创新券最高支持额度也由 20 万元提高到 48 万元；取消首次使用创新券 5 万元免费的规定。

（二）科技创新税收政策

2017 年前三季度，税务部门支持科技创新税收优惠政策减税超过 2200 亿元，同比增长约 50%，有力推动了供给侧结构性改革。其中，高新技术企业按 15% 税率征收所得税政策效应明显，共为符合条件的企业减免所得税超过 1300 亿元；促进软件产业发展增值税优惠力度持续加大，为软件企业减免增值税超过 360 亿元[①]。

2017 年，北京市共有 5744 家科技型中小企业享受到了 175% 的加计扣除政策，加计扣除额共计 147.64 亿元，共计减免税额 18.25 亿元，同时 2017 年为经认定的高新技术企业减免税额 205 亿元[②]。

（三）政府引导基金

清科统计数据显示，截至 2017 年底，国内政府引导基金共设立 1501

---

① 国家税务总局办公厅：《减税政策效应持续扩大助力经济发展民生改善——税务系统深入落实减税政策推动供给侧结构性改革综述》，国家税务总局官网，2017 年 11 月 7 日。

② 李玉坤：《北京高新技术企业可少缴 15% 所得税鼓励创新创业》，载《新京报》2018 年 8 月 30 日。

只，总目标规模约 9.6 万亿元。其中，基金规模最大的为省级政府引导基金，387 只基金目标规模总额达到 4 万亿元，基金数量最多的为地市级及县区级设立的政府引导基金，共有 1085 只，基金目标规模共计 4.3 万亿元[①]。目前，政府引导基金凭借雄厚的资金背景，已成为股权投资市场最重要的机构投资者之一。

2018 年 6 月，北京市科技创新基金启动，这是国内规模较大、期限最长的政府引导基金，其母基金规模为 300 亿元，计划通过放大母基金和子基金，使得未来基金总规模达到 1000 亿元。北京科创基金重点投资领域包括光电科技、新一代信息技术、纳米技术、战略性新材料、新能源、生物医药、智能制造、现代农业、现代交通业、节能环保、脑认知与类脑智能、量子计算与量子通信、大数据、人工智能 14 个高端硬技术行业。

二、科技贷款

（一）科技贷款规模

截至 2017 年，北京市本外币存款余额达 144086 亿元，同比增长 4.1%；北京辖内银行业科技型企业贷款余额 4401.2 亿元，比 2017 年初增加 469.23 亿元，增幅 11.93%，居全国首位。2017 年全年，北京辖内银行业科技型企业贷款累计发放额 5026.31 亿元，比 2016 年全年增加 1138 亿元，增幅 29.27%。其中，科技型中小企业贷款累计发放额 1485.30 亿元，科创企业贷款累计发放额 1116.67 亿元[②]。

其中，中关村高新技术企业贷款余额 4270.76 亿元，占全部科技企业贷款的 97.03%，比上年末增加 1021.45 亿元，增幅 31.43%，远超辖内各项贷款增幅。2017 年全年，累计获得贷款发放企业 7058 家，比 2016 年全年增加 2204 家。其中，"十百千企业"与"瞪羚"企业贷款余额分别达到 921.03 亿元和 639.49 亿元[③]。

2017 年末，北京市小微企业人民币贷款余额 7336.5 亿元，同比增长

---

① 资料来源于清科数据库。
② 中国人民银行营业管理部：《北京市金融运行报告（2018）》2018 年版。
③ 于浩：《北京辖内银行业科技企业贷款总量突破 4000 亿元》，载《经济日报》2018 年 3 月 7 日。

17.3%；增速较大型企业高2.5个百分点。2017年全年北京市小微企业人民币贷款新增1067.6亿元，其中，小型企业人民币贷款新增696.2亿元，微型企业人民币贷款新增371.4亿元。中资银行高新技术产业人民币贷款余额3287.0亿元，同比增长8.5%。其中，电子信息技术、高技术服务业贷款余额同比增速分别为13.5%、11.1%。文化创意产业人民币贷款余额1408.5亿元，同比增长7.0%。其中，广播电视电影行业贷款余额同比增速了18.0%①。

（二）科技贷款渠道

科技银行是专为高科技企业提供融资服务的银行机构。北京市科技银行从有到无，并逐渐发展壮大，在服务科创企业的过程中发挥着越来越显著的作用。2017年7月16日正式开业的中关村银行，是北京市首家获批开业的民营银行。中关村银行由用友网络、碧水源、光线传媒、东方园林等11家中关村知名上市公司共同发起建立。中关村银行业务重点服务于"三创"，即创客、创投与创新性企业，且最大的特色为科技金融。中关村银行以服务于创新创业，推动行业转型升级，助力全国科创中心建设为使命，定位于科技金融，致力于促进科技与金融的深度融合。坚持用科技创新来引领金融创新，同时让金融创新来服务科技创新。截至2018年6月末，中关村银行累计为266户小微企业发放贷款17.41亿元，占中关村银行所有对公贷款的42.80%；认股权贷款尽调200余户，已发放贷款金额5.81亿元。其中，中关村银行在线上供应链金融、线上场景金融、线上科创普惠金融等多个方面推出了适应现代科技型中小企业的金融产品②。

2018年6月，北京银行宣布成立科技金融创新中心，并在行业内率先发布了支持前沿技术企业的金融服务方案，推出专属产品"前沿科技贷"。并计划在3年内实现对原始创新、关键核心技术、前沿技术研发等科创企业的授信超过300家，信贷投放超过100亿元，并通过投贷联动方

---

① 中国人民银行营业管理部：《北京市金融运行报告（2018）》2018年版。
② 王莹：《中关村银行成立一周年为266户小微企业放贷17.41亿元》，载《证券时报》2018年7月16日。

式，扶持一批前沿技术企业成为未来的"独角兽"。[①] 2018年第1季度末，北京银行科技信贷余额1277亿元，3年内年均增幅30%，累计为23000家科技型小微企业提供信贷资金4000亿元，成为目前国内科技金融领域产品最多、服务最全、品牌影响力最强的领先银行。北京银行中关村支行累计为中关村科技园区内的17000家科技型企业提供了超过2800亿元信贷支持，在中关村示范区核心区内排名第一，支持了小米、京东金融、神州专车、北汽新能源、金山云等"独角兽"企业近30家。[②]

专栏

投贷联动

- 投贷联动是通过股权投资与银行信贷相结合，使得进行"投贷"的商业银行能够享受由高新技术企业带来的高增长红利。其目的是通过结构化的设计，降低银行对"轻资产、少抵押"的高新技术企业的授信风险，降低企业与金融中介的信息不对称，从而使得投资的收益与风险相互匹配。

- 2016年，中国银监会、科技部与人民银行联合发布《关于支持银行业金融机构加大创新力度开展科创企业投贷联动试点的指导意见》，鼓励和指导银行业金融机构开展投贷联动业务试点，并明确了首批10家试点银行：国家开发银行、中国银行、恒丰银行、北京银行、天津银行、上海银行、汉口银行、西安银行、上海华瑞银行、浦发硅谷银行。试点地区包括：北京中关村国家自主创新示范区、武汉东湖国家自主创新示范区、上海张江国家自主创新示范区、天津滨海国家自主创新示范区、西安国家自主创新示范区。

- 截至2017年9月末，北京地区内部投贷联动贷款发放13.84亿元，较年初增幅359.29%，投资7.06亿元，较年初增长近20倍。外部投贷联动贷款余额59.68亿元，较年初增长314.17%。内外部投贷联动对象企业集中于中关村地区，以集成电路、海绵城市建设、新能源新材料等高新技术行业为主，初创期科创企业占比近一半。

（资料来源：中国银行保险监督管理委员会）

---

①② 陈莹莹：《北京银行成立科技金融创新中心》，载《中国证券报》2018年6月20日。

专栏

知识产权质押融资

● 区别于传统的以不动产作为抵押物向金融机构申请贷款的方式，知识产权质押融资指企业或个人以合法拥有的专利权、商标权、著作权中的财产权经评估后作为质押物，向银行申请融资。

● 2013 年 4 月，国家知识产权局、银监会、国家版权局联合下发了《关于商业银行知识产权质押贷款业务的指导意见》，旨在指导商业银行充分利用科技企业的相关知识产权与专利为企业提供信贷以支持企业发展。2016 年 12 月 30 日，国务院公布了《"十三五"国家知识产权保护和运用规划》，规划提出的三大任务之一是促进知识产权高效运用，指出利用知识产权进行质押是知识产权价值利用的一大功能。

● 2017 年，我国专利质押融资总额为 720 亿元，同比增长 65%；专利质押项目总数为 4177 项，同比增长 60%。2018 年，质押融资工作进展良好，仅 1~4 月新增专利质押融资金额就达到 261 亿元，同比增长 26%；专利质押项目数量达到 1256 项，同比增长 37%。

（资料来源：国家知识产权局）

三、创业投资

根据清科数据库的数据，2018 年，北京市风险投资金额为 635.7 亿元，较 2017 年有微弱下降，投资事件共 2808 件，较上一年下降了 17.8%，见图 1.13。

2018 年，北京市风险投资机构数量为 9523 家，近三年来数量逐步增长，见图 1.14。截至 2018 年末，北京市投资机构的管理资本量共 6833.91 亿元，见图 1.14。

按照资本类型来看，2018 年共有 9289 家本土投资机构，占 97.5%，合资投资机构共 98 家，外资共 136 家，见表 1.2。

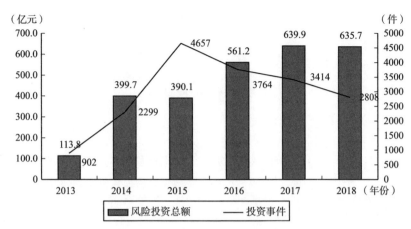

图 1.13 北京市风险投资年度分布

资料来源：清科数据库。

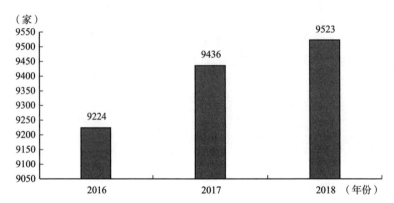

图 1.14 北京市风险投资机构年度分布

资料来源：清科数据库。

表 1.2   北京市风险投资类型年度分布   单位：家

投资机构类型	2016 年	2017 年	2018 年
本土	8994	9204	9289
合资	96	97	98
外资	134	135	136
投资阶段	2016 年	2017 年	2018 年
种子期	726	338	382
初创期	1296	1086	837

续表

投资阶段	2016 年	2017 年	2018 年
扩张期	952	1134	1185
成熟期	790	856	404

资料来源：清科数据库。

从投资阶段分析，2018 年，发生在种子期的投资事件共 382 件，发生在初创期的投资事件共 837 件，发生在扩张期的投资事件共 1185 件，是投资事件发生最多的时期，发生在成熟期的投资事件共 404 件。

按照投资事件所在行业分析，2018 年，IT/互联网行业是投资事件发生最多的行业，为 1300 件，占比 48.53%，见图 1.15。

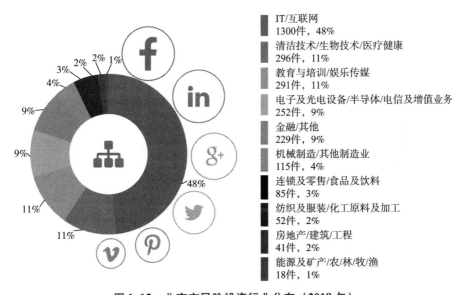

图 1.15　北京市风险投资行业分布（2018 年）

资料来源：清科数据库。

四、多层次资本市场

截至 2017 年，北京市辖区内共有上市企业 309 家，占全国上市公司总数的 9.05%，总市值为 173074.34 亿元，占上市公司总市值的 33.47%；其中，北京市辖区内有主板公司 162 家、中小板公司 51 家、创业板公司 96 家。此外，有 318 家中关村企业在境内外上市，总市值为 54589 亿元[①]。

2017 年末，全国中小企业股份转让系统（新三板）挂牌公司总数 11630 家，其中，北京市辖区共有挂牌公司 1618 家，占全国总数的 13.9%；共有创新型企业 232 家，占全国总数的 17.2%；股票融资金额 276.1 亿元，同比减少 19.5%[②]。

同时，北京市政府积极发展北京股权交易中心（四板市场），截至 2016 年底，北京股权交易中心累计服务中小微企业逾 4200 家，实现各类融资逾 130 亿元，实现企业转板 89 家。[③] 同时孵化培育出如百合网、三博脑科、科拓恒通、尚睿通等细分行业的领军企业，以及如易净星、雅森科技等拥有高新资质及核心技术的、具有"独角兽"潜质的领先企业。

第五节　服　务　链

科技金融服务链包含金融中介、众创空间、孵化器、科技保险、政策支持、支撑平台建设等内容。

一、金融中介

为促进科技金融产业协同发展。北京市通过引入贷款贴息、担保、科技保险等方式从第三方机构层面为科技型中小企业提供融资支持，与传统科技金融耦合发展形势形成补充。完善与投资、信贷、担保、典当、证券、保险等相结合的知识产权金融服务机制。积极推进知识产权质押融资工作，完善知识产权价值评价体系，探索开展知识产权证券化试点。

担保：信用担保机构通过介入包括银行在内的金融机构、企业或个人等资金出借方与主要为企业和个人的资金需求方之间，作为第三方保证人为债务方向债权方提供信用担保——担保债务方履行合同或其他类资金约

①② Wind 数据库。
③ 北京四板市场：《集团简介》，北京四板市场官网。

定的责任和义务。北京市历年担保机构数量，见图 1.16。

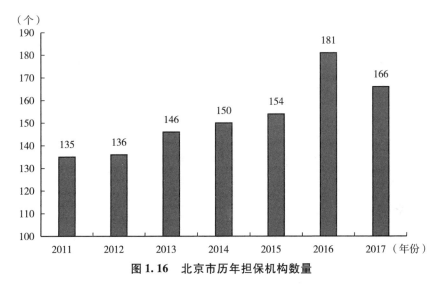

图 1.16　北京市历年担保机构数量

资料来源：北京市地方金融监督管理局：《北京市融资担保机构信息表》，首都之富，2017 年 12 月 14 日。

2018 年 11 月，北京银保监局等发布了《关于进一步深化北京民营和小微企业金融服务的实施意见》，提出北京市将设立市融资担保基金，构建政策性融资担保体系，鼓励担保机构和再担保机构积极开展小微企业融资担保业务。

2017 年，北京市正常运营的担保机构注册资本金总额为 300.29 亿元（户均 6.39 亿元）、净资产总额为 350.81 亿元；从业人员数量为 2151 人（户均约 46 人）。当年新增担保规模 1159.54 亿元，与上年同期相比下降了 26.18%。其中，融资担保新增担保规模 698.40 亿元、占比 60.23%，同比增长了 20.20%；非融资担保新增担保规模 461.14 亿元、占比 39.77%，同比下降了 53.40%。2017 年末，行业担保业务年末在保责任余额 1788.11 亿元，同比下降了 5.36%。其中，融资担保期末在保责任余额 801.96 亿元、占比 44.85%，同比增长了 7.97%；非融资担保期末在保责任余额 986.15 亿元、占比 55.15%，同比下降了 13.99%[1]。

---

① 秦恺：《北京信用担保业协会三届五次会员代表大会暨 2018 年理事会年会工作报告》北京国华文创融资担保有限公司官网，2018 年 6 月 20 日。

二、众创空间和孵化器

众创空间是创新驱动战略背景下的一种创新创业服务新范式，是人们在虚拟社区或实体空间里，通过交流互动，共同创意、研发以及制作产品或提供服务、筹资和孵化的自组织创新创业活动的空间。

作为创业创新企业入驻办公、发展和对接资源的主要载体，联合办公和众创空间已成为各地双创的"晴雨表"。据双创地图数据显示，截至2017年，北京联合办公和众创空间在地图上的网点达到了294个，比2016年上半年增长了47%。目前，北京联合办公和众创空间在数量、入驻率、模式探索等方面处于全国领先的地位，已成为该领域最重要的"标杆式"市场。在2016年下半年，商业模式相对清晰的联合办公的增速已经高于众创空间。

据创业服务机构创头条、阿时创新中心、中关村创业服务联盟联合发布的《北京市双创地图2.0》显示，北京市众创空间主要分布在海淀区、朝阳区、丰台区、昌平区、西城区、东城区等城区，其中，海淀区和朝阳区占比75.52%，优势尤为突出。截至2018年，北京市众创空间共213家。北京市在京地区科技孵化器共70家，其中国家级科技企业孵化器55家。[①]

三、科技保险

科技保险是金融推进科技创新的体系，相比一般财险和寿险保险公司，科技保险公司的承保对象及保险规范更明确，合法经济的高新技术企业、科研机构、院校均可投保保险科技。

2016年，我国保费收入突破三万亿元，北京地区原保险保费收入占全国原保险保费收入的6%，位居全国第四，其中北京地区财产保费收入占4.23%；已获批科技保险险种的4家保险公司财产保险保费收入占全国财产保险保费收入的50%以上。[②]

---

① 李楠楠：《北京众创空间全国领跑》，载《北京日报》2016年11月16日。
② 中商产业研究院：《2016年全国原保险保费收入为3.1万亿 寿险占比56.3%》，中商情报网，2017年2月24日。

随着知识产权融资工作的持续发展，知识产权质押融资保险弥补了知识产权融资的风险，2018年末，中关村知识产权促进局发表了《中关村知识产权质押融资保险试点工作方案（试行）》，完善知识产权估值、质押、流转体系，优化知识产权质押融资服务机制，推动专利质押融资保险在中关村国家自主创新示范区的落地实施。

四、政策支持

政策体系的协调和推动对于北京市科技金融产业融合发展起到了巨大的促进作用。2017年，科技部发布的《"十三五"国家科技人才发展规划》指出，政府加快科技人才队伍结构的战略性调整，大力培养优秀创新人才，重点引进高层次创新人才，营造激励科技人才创新创业的良好生态；国务院发布的《关于强化实施创新驱动发展战略进一步推进大众创业万众创新深入发展的意见》，明确提出大众创业、万众创新深入发展是实施创新驱动发展战略的重要载体，要加快科技成果转化，拓展企业融资渠道，促进实体经济转型升级，完善人才流动激励机制，创新政府管理方式。

为了促进企业创新，北京市政府推出了许多相关政策，北京市科委为了规范首都科技领军人才培养工程实施管理，深入实施人才优先发展战略，制定了《首都科技领军人才培养工程实施管理办法》；2018年，北京市政府又印发了《关于优化人才服务促进科技创新推动高精尖产业发展的若干措施》。

科技政策无论从国家层面或是从北京市层面，都凸显出政府对于建设综合性科技金融服务政策体系所作出的不懈努力。科技金融的发展不仅需要由国家、产业推动，同时政策体系将人力资源作为科技金融发展的重要动力，政策体系的建立也不仅仅从产业、企业的角度出发，更注重了人才的建设。而多层次的政策支持不仅停留在市级层面，在各区和园区中也推出了各具特色的政策。

2016年10月，西城区人民政府制定了《北京市西城区鼓励和支持企业上市发展办法》，增强多层次资本市场服务实体经济能力，大力促进和支持企业上市发展；2017年8月，海淀区政府印发了《关于促进国家科技金融创新中心建设发展的若干意见》，旨在进一步强化科技金融功能和空间布局，提高创新创业生态环境的"含金量"，着力构建涵盖创新链、产业链、价值链和企业全生命周期的科技金融服务政策体系、空间载体和工作机制，深入推动国家科技金融创新中心的建设。

2010年12月，为了促进和保障中关村国家自主创新示范区建设，北京市人大委员会制定了《中关村国家自主创新示范区条例》（以下简称《条例》），在《条例》的促进下，中关村各个园区依托自身优势和特色，推出了相应扶持政策：2010年，丰台园管委会制定了《关于促进企业自主创新工作的暂行办法》，鼓励和促进高新技术企业认定。设立"国家高新技术企业认定专项补助资金"，对通过上一年度国家高新技术企业认定的企业，其申报过程中所发生的财务审计费用，给予一次性专项补助，每家企业补助金额为2万元。2017年8月，通州区政府印发了《通州区引进高层次人才创新团队实施细则》，旨在引进能够促进通州区产业发展的高层次技术人才和创新团队。

从国家层面，到北京市层面，再到各个区县；从中关村到各个下辖的产业园区。政策体系的多层次化、多产业化为创造良好的企业创新环境而做出了巨大努力，构建好科技创新的"环境"，对企业进行"个性化"政策支持，从而令企业更好更快地发展。北京市科技金融政策体系，见图1.17。

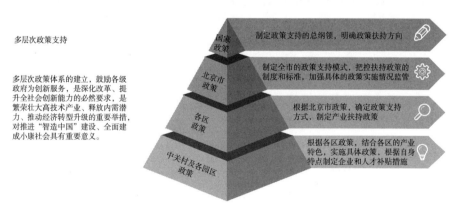

图1.17　北京市科技金融政策体系

五、支撑平台建设

2018年，北京市政府发展改革委会同市财政局、市规划国土委、市城管委、市商务委、市工商局、市金融局、市高级人民法院等单位联合制定了一批优化营商环境的新政。聚焦办理施工许可、开办企业、纳税、获得电力、跨境贸易、获得信贷、登记财产等环节，制定出台了九项主要政策和 N 项配套措施，形成了几个特色的创新服务平台，为在京企业发展提供优质服务，努力打造与国际一流和谐宜居之都相匹配的营商环境高地。

（一）人才服务平台

为了更好地承担北京市人力资源公共服务体系建设和公共服务标准化、信息化建设的辅助性、事务性工作。培养北京市高端人才发展、加快高层次人才队伍建设、博士后管理等具体事务和服务工作，加大北京市公务员教育培训、专业技术人员继续教育、人力资源和社会保障系统工作人员岗位培训力度，各区都建立了各自的人才服务平台。

东城区推出了人才录用补贴，对于符合产业发展方向的驻区企业，通过人才服务机构引进符合东城区重点发展产业方向的高层管理人才或核心技术岗位高端人才，给予不超过 50% 的中介费用补贴，每人补贴额不超过 10 万元，每家企业年补贴额不超过 50 万元。西城区配合人力社保部门开展了中关村高管领军人才专业技术职称直通车评价试点工作，推荐园区近 30 名优秀人才通过直通车渠道获得正高级专业技术职称。每年为园区有突出贡献的企业高管和核心技术骨干人才子女上学提供保障服务。会同中关村管委会共建普天德胜海归人才创业园，依托 DRC 基地、出版创意产业园区等特色产业平台开展特色人才培养工作，培训专业人员 200 余人次。

（二）企业服务平台

企业服务平台提供覆盖各区的"互联网＋企业服务"新型企业服务体系，确保提升政务服务水平，促进政府部门与企业/创业（投资）者建立常态化、制度化的沟通和联系，及时了解企业/创业（投资）者诉求，研究、协调解决企业/创业（投资）者发展中的重大问题和具体困难，把政府为企业/创业（投资）者的服务真正落到实处。各区企业服务平台依托互联网实现创新政务服务，构建集诉求采集、诉求分发、数据共享、业务协同、服务集成于一体的线上线下创新融合政务服务体系。打造尊重个性需求、互动渠道畅通、办事便捷高效的新型政企关系。积极营造一流的营商环境和政务服务环境。

而西城区对企业申请科技项目资金给予相应配套支持，对获得科技成果给予奖励，积极引导和鼓励园区企业自建并开放研发机构、实验室、检测和中试中心等专业技术平台，鼓励企业应用矿冶研究总院、有色金属研究总院的专业技术实验室进行研发实验，利用自动化所检测中心、机器人中心等进行技术成果的试制、装备、调试和检测等。同样的服务平台还包括中关村海淀企业综合服务平台、丰台区中小企业服务平台、房山区中小企业公共服务平台等。

（三）融资服务平台

融资服务平台是将大量用社会网络连接的、标准规范化的金融服务进行统一管理和调度，构成一个开放的金融服务池向中小企业客户按需提供金融服务。融资服务平台是一个开放的大平台，各种金融服务资源都可以按接入标准自愿接入，每个中小企业都可以定制化地将自己的状况和需求按标准向融资服务平台展示。

西城区依靠金融街，通过与中国工商银行地安门支行、中国银行西城支行和宣武支行、金正融通小额贷款有限公司等签署战略合作协议，为园区高新技术企业提供投融资特色服务；与北京国资融资租赁有限公司、华融创新投资股份有限公司、首建投资本管理股份有限公司等风投创投机构、融资租赁机构对接合作，推进园区多元化投融资服务体系，2017年为园区50多家企业融资近10亿元，配合区金融服务办推进园区企业上市筛选、辅导、推荐工作，协助园区15家企业成功上市、80余家企业挂牌新三板市场。而工商朝阳分局也为企业和银行之间搭建商标质押贷款融资平台，解决企业资金周转困难。到2016年，已帮助北京洛娃日化有限公司、北京绿荫天地体育产业股份有限公司等8家企业，通过商标质押获得银行贷款3.61亿元，帮助贷款企业获得商标质押贷款贴息补贴291.2万元。[①]

（四）创业服务对接平台

为降低创业成本、提高创业成功率，满足区域创业需求与创业服务资

---

① 《北京市工商局朝阳分局实施商标发展战略》，中研网，2015年12月23日。

源有效对接工作平台，打造创新型中小企业首选栖息地，各区根据自己的产业优势，有区别地建立了创业服务对接平台。

房山区搭建了金融平台、行政服务平台、科技平台、人才平台、众创空间平台、产业对接平台、基础设施建设平台、智慧园区信息服务平台八个发展建设平台，助推"大众创业，万众创新"。通州区科委不定期举办各种活动，促进创新创业对接，为科技金融提供快速解决方案。例如，2016年11月8日，通州区科委与北京市科委联合举办科技资源通州行——北京城市副中心创新创业对接会系列活动，促进科研机构与企业对接。顺义区政府积极整合产业资源，以产业联盟形式支持各类创业基地、创业项目与区内重点产业、重点企业等开展对接。系统梳理闲置楼宇，建立数据库，鼓励社会各界打造创业基地，出台优化营商环境服务企业工作方案，搭建重大产业项目调度综合服务平台，建立顺义区领导、部门、属地"点对点"联系企业工作制度，先后走访服务企业370余家，向驻区重点企业提供公租房5420套，为824人办理工作居住证，努力解决企业发展后顾之忧。

（五）信息服务平台

信息服务平台指所有企业都能够获得信息的场所，是社会资源得以充分展现、经济主体对市场知识（资源信息）迫切需求的表现。利用现有的先进技术，加快业务办理速度，提升业务办理质量，建立信息畅通、功能完善、服务协同、资源共享的平台架构。

各区也推出了有特色的支持平台，例如，西城区推出的空间资源对接平台，西城区与北京市金融工作局、北京证监局等监管机构的沟通合作与信息共享，及时掌握西城区上市资源储备、辅导备案、上市动态、上市公司发展等情况，积极争取有关上市政策在西城区先行先试。丰台区推出的专利萃取平台，企业创新信息平台，由中国科学技术协会与国家知识产权局共同搭建的，提升企业创新效率的互联网+企业服务平台。主要提供专利数据、科技文献、专利管理、数据挖掘推送及精深服务。

第二章
北京市科技金融效率评价

第一节 科技金融效率评价结果

一、总体评价

科技金融效率是基于创新投入产出效率评价模型，着重针对科技金融体系中资本投入与创新产出之间转化效率的评价。其中，科技金融投入指标包括科学技术财政支出、企业中长期贷款余额与北京市研发强度的乘积、风险投资总额与研发强度的乘积等3项。创新产出指标则由专利申请量和技术市场成交额来表示。根据2014～2017年北京市各区县投入指标和产出指标进行效率评价，考察北京市科技金融发展水平以及各区资本在科技发展中的配置效率。北京市总体的科技金融效率逐年稳步提升，从2014年的0.51增长到2017年的0.76，见表2.1。

表 2.1 北京市 2014～2017 年科技金融效率

区域	2014 年	2015 年	2016 年	2017 年
首都功能核心区	0.93	1.48	1.46	0.77
东城区	1.63	1.49	1.47	1.19
西城区	0.23	1.46	1.46	0.35
城市功能拓展区	0.99	0.84	0.80	0.88

续表

区域	2014 年	2015 年	2016 年	2017 年
朝阳区	0.57	0.49	0.48	0.63
丰台区	1.63	1.07	1.29	1.33
石景山区	0.32	0.27	0.39	0.44
海淀区	1.44	1.55	1.04	1.12
城市发展新区	0.35	1.17	1.34	1.23
房山区	0.05	1.56	1.47	1.48
通州区	0.36	1.21	1.07	0.85
顺义区	0.05	0.22	1.11	1.01
昌平区	1.03	1.43	1.50	1.06
大兴区	0.26	1.40	1.58	1.75
生态涵养发展区	0.11	0.18	0.12	0.20
门头沟区	0.02	0.07	0.06	0.09
怀柔区	0.38	0.41	0.28	0.32
平谷区	0.04	0.03	0.04	0.03
密云区	0.06	0.14	0.07	0.14
延庆区	0.05	0.26	0.15	0.43
北京市	0.51	0.82	0.84	0.76

采用非径向的超效率数据包络法对北京市各区进行测算和分析，在此基础上，得到北京市各区科技金融效率的排名结果，2017 年，各区科技金融效率可分为以下三个梯队。

第一梯队（大于 1.3），包括大兴区、房山区和丰台区，为 2017 年排名前三名的区。该梯队由 2016 年的 5 个区减至 3 个区。大兴区在科技金融投入、创新产出方面都处在中间位置，但是其单位资本的创新产出是最高的，即该区可以使用较少的科技金融投入来获得较大的创新产出，且大兴区中包含北京市经济技术开发区，高新技术产业发展较快。

第二梯队（1.0~1.3），包括东城区、海淀区、昌平区、顺义区 4 个区。这些区县在科技创新投入、创新产出的单项指标绝对值优势较为明显，但是其投入产出比相对第一梯队稍逊，尤其是海淀区，在政府科学支出、风险投资总额、专利申请量和技术市场成交额方面都遥遥领先。但是其单位资本的创新产出效率并没有达到最优状态。

第三梯队（小于1.0），包括西城区、朝阳区、石景山区、通州区、怀柔区、延庆区、密云区、门头沟区和平谷区9个区县。在科技金融投入、创新产出方面处于劣势，且区内的特色创新产业尚不突出，科技金融的发展还未成熟，资本的使用效率较差。同时，在三年的效率测算内，密云、怀柔、顺义、门头沟区等的效率一直处在较低水平，其资本投入产出效率提升空间较大。

总体来看，对北京市各区的科技金融效率进行测算后，数据表现出"非均衡性"和强烈的地域特征。2017年，大兴作为科技金融效率排名第一的区，在资本投入、创新产出方面都不突出，但是在资本利用率方面表现突出。在近四年内，海淀区在创新投入、创新产出和创新应用等方面的绝对值均名列前茅，但科技金融资本利用率尚待优化。平谷区、门头沟区等在科技金融投入、创新产出等方面，无论是在绝对数值还是相对效率都在北京市16个区中排名靠后。

二、功能区评价

根据北京市的政策和功能划分，将16个区县划分为四个大区，首都功能核心区，包括东城区和西城区；城市功能拓展区，包括朝阳区、丰台区、石景山区和海淀区；城市发展新区，包括房山区、通州区、顺义区、昌平区和大兴；生态涵养发展区，包括门头沟区、怀柔区、平谷区、密云区和延庆区。对四个功能区的科技金融效率进行分析，挖掘其背后的驱动因素，有助于从实践的角度全面认识科技金融的效率，明确各功能区的发展特点，从而为北京市科技金融发展提供更具针对性的参照标准。

总体来看，各功能区的科技金融效率表现出"非均衡性"的特征，见图2.1。首都功能核心区和城市发展新区在2015年及2016年表现突出，但首都功能核心区在2017出现了下降，而城市功能拓展区则在2014年的表现最佳。只有生态涵养发展区在四年内的科技金融效率相对较低，这也进一步说明各区资本投入和创新产出与功能定位较为符合。

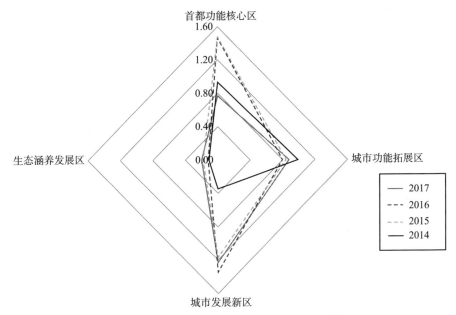

图 2.1　北京市各功能区科技金融效率评价

三、产业方向评价

2014～2017 年，从各区县的研发投入强度来看，北京市经济技术开发区在工业领域的创新投入比重占据领先地位，其次是昌平区，说明在这两个区中工业创新投入方面的 R&D 经费支出占 GDP 的比重表现突出，海淀区在工业领域的研发投入强度较少，见图 2.2。

相反，从信息传输、软件和信息技术服务业的角度来看，海淀区在该领域的研发投入强度远远高于其他区，达到 2.13%，其他区的研发投入强度都低于 1%，见图 2.3。这表明北京各个区之间的科学发展方向和重点产业差异。海淀区、朝阳区以信息服务为基础的信息、软件和通信行业占据领先位置，而大兴区、昌平区、通州区等则是以工业为重点产业的区县，其工业研发投入强度相对较高，资本投入主要通过产业化进行转化。例如，通州区以汽车制造业为重点，着力对这一产业进行投资，从而推进行业的创新发展。

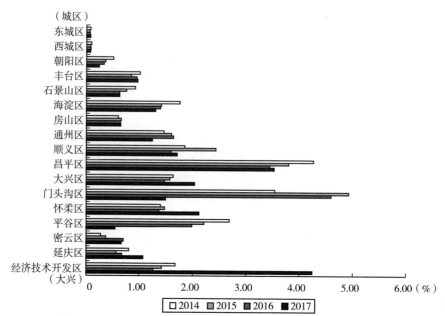

图 2.2 2014～2017 年北京市各区县工业研发支出强度年度分布

资料来源：北京市统计局：《北京市区域统计年鉴－2018》，中国统计出版社 2018 年版。

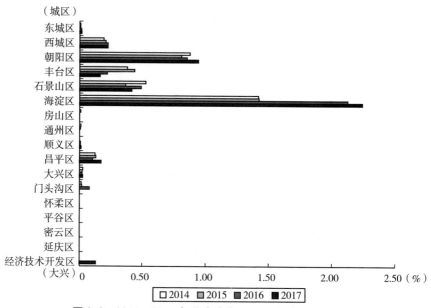

**图 2.3 2014～2017 年北京市各区县信息传输、软件和
信息技术服务业研发支出强度年度分布**

资料来源：北京市统计局：《北京市区域统计年鉴－2018》，中国统计出版社 2018 年版。

第二节　分项指标描述

一、科技金融投入分项指标

从政府科学技术财政支出来看，2017 年排名前三的区为海淀区、朝阳区和昌平区，分别为 26.02 亿元、10.01 亿元和 3.35 亿元。而排名最后的为延庆区和门头沟区，仅仅有 0.21 亿元和 0.35 亿元，见图 2.4。

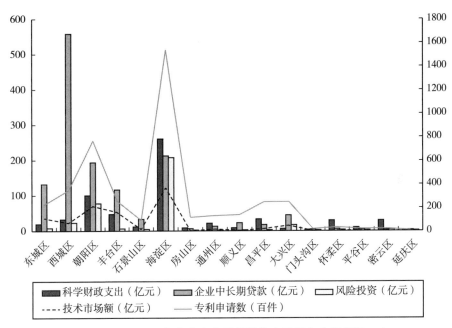

图 2.4　2017 年北京市各区县科技金融投入产出指标

资料来源：北京市统计局：《北京市区域统计年鉴 – 2018》，中国统计出版社 2018 年版。清科数据库。

从银行贷款的角度来看，2017 年企业中长期贷款余额排名前三的区为西城区、海淀区和朝阳区，分别为 558.19 亿元、212.47 亿元和 193.71 亿元，而排名靠后的为延庆区和密云区，仅仅有 3.22 亿元和 3.07 亿元。

从风险投资的角度来看，2017 年吸收风险投资额排名前三的区为海淀区、朝阳区和西城区，分别为 20.75 亿元、7.74 亿元和 2.31 亿元，而排名靠后的为门头沟区和延庆区，仅仅有 0.04 亿元和 0.0006 亿元。

二、创新产出分项指标

从专利申请量的角度来看，本书使用北京市各区专利申请数量进行衡量。从这个角度来考察，2017 年排名前三的区为海淀区、朝阳区和大兴区，分别为 68313 件、34030 件和 15258 件；而排名靠后的为延庆区和门头沟区，仅仅有 309 件和 755 件。①

从创新的初步市场价值来看，本书使用北京市各区技术市场成交额来表示。从这个角度来看，2017 年排名前三的区为海淀区、朝阳区和丰台区，分别为 1619.97 亿元、930.03 亿元和 704.56 亿元；而排名靠后的为平谷区和门头沟区，仅仅有 0.80 亿元和 1.53 亿元。②

---

①② 北京市统计局：《北京市区域统计年鉴–2018》，中国统计出版社 2018 年版。

第三章

北京市各区县科技金融概览

第一节　东城区科技金融生态系统

东城区为首都功能核心区的重要组成部分，主要功能定位为发展文化创意产业，并形成了前门传统文化产业集聚区、中关村科技园区东城园群落，见图3.1。

一、产业发展

2018年1～10月，东城区专利申请量为9994件，同比增长21.77%；东城区专利授权量为6192件，同比增长15.31%，居全市第五位。①

东城园形成了以龙潭湖产业园为中心的体育产业专业园区，以雍和园为中心的东二环总部经济产业带、和平里现代服务业新区、北二环数字内容产业带，以及分布于胡同里的创意工厂，见图3.2。截至2018年12月底，东城园共有高新技术企业926家，其中国家高新技术企业596家，中关村高新技术企业654家。1～11月，规模以上高新技术企业实现总收入2155.6亿元，在全市位居第7位，同比增长14.9%，其中技术收入704.6亿元，占总收入的32.7%，占比居全市首位，同比增长15.7%；

---

① 数字东城：《2018年1～10月东城区专利申请授权情况》，东城区科技企业服务平台，2018年12月25日。

实现利润总额 237.6 亿元，同比增长 30.0%。①

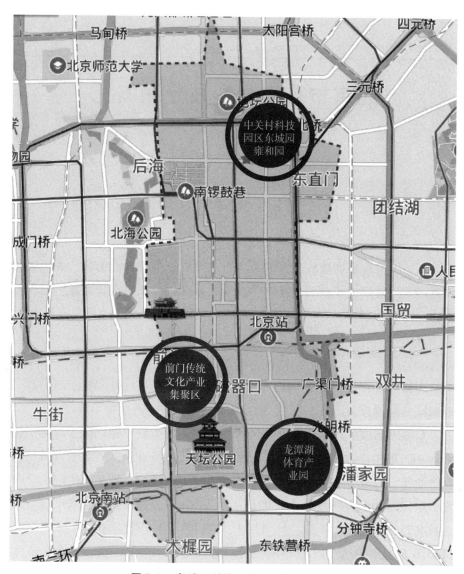

图 3.1　东城区科技金融生态系统分布

资料来源：百度地图。

---

① 东城园管委会：《2018 年 1~11 月东城园高新技术企业实现平稳增长》，数字东城，2019 年 1 月 9 日。

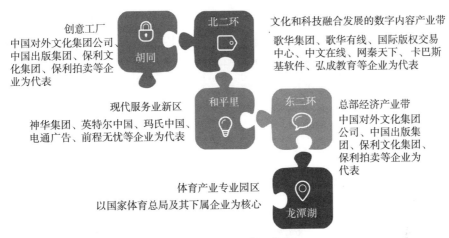

图 3.2 东城园产业发展

二、科技资源

科技活动人员和研发机构数逐年增加。2016 年,东城园科技研发人员达 17464 人,比上年增加 312 人;研发机构数为 56 家,比上年增加 1 家,见图 3.3。

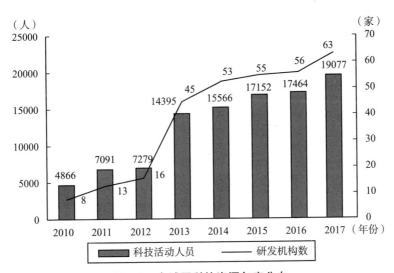

图 3.3 东城园科技资源年度分布

资料来源:北京市东城区统计局:《北京市东城统计年鉴－2018》,中国统计出版社 2018 年版。

2017 年 1 月，东城区体育科技企业北京瑞盖科技公司与国家体育总局冬季运动中心达成合作，双方结成战略合作伙伴关系。北京瑞盖科技公司拥有自主知识产权的中国鹰眼将全方位服务于冰雪运动。未来 5 年，中国鹰眼将以冰球、冰壶、短道和花样滑冰等项目为切入点开展工作，并最终全方位服务于 2022 年冬奥会的备战工作。以此为契机，北京瑞盖科技还将积极参与到冰雪智慧场馆的建设中，冰雪智能场馆也将率先在国内大面积落成。

三、金融支持体系

（一）政府财税支持

东城区政府为进一步增强东城园自主创新能力，建设具有首都特色的都市型科技园区，为企业的发展提供了强有力的财税引导与资金支持，见表 3.1。

表 3.1　　　　　　　　东城区主要财税支持方式

支持类型	具体措施	详情
补贴	租房补贴	对于符合东城区产业发展方向，新设立或新迁入东城区的文化创意产业、新兴产业企业，租赁自用办公用房开展实际经营且第一个完整财政年度实际营业收入不低于 500 万元的，按照年房屋租金 20% 的标准给予房租补贴，执行期 3 年，3 年房租补贴额累计不超过 300 万元
	融资补助	支持符合产业发展方向的驻区企业通过东城区各类公共服务平台开展融资活动，按照不超过其服务费用 50% 的标准进行补贴，单个项目补贴额不超过 5 万元，每家企业年补贴额不超过 10 万元
	担保机构代偿补贴	驻区担保机构为符合产业发展方向的驻区企业提供担保服务发生的代偿损失，按照代偿金额 15% 给予补贴，每家担保机构年补贴额不超过 50 万元
	资金配套支持	对符合产业发展方向的驻区企业，获得国家或北京市专项资金支持，给予不超过 1∶0.5 的资金匹配，每家企业总匹配额不超过 100 万元，已享受过东城区配套的企业不再给予支持
	引进风险投资奖励	对于引进风险投资且投资额在 500 万元以上的东城区文创、新兴和符合转型升级方向的中小企业，按照引入的风险投资额给予资金奖励，每家企业年补贴额不超过 50 万元

续表

支持类型	具体措施	详情
减税、贴息	贷款贴息	对于符合产业发展方向的驻区企业，从驻区银行及非银行金融机构取得的与生产经营直接相关的短期贷款项目，实际支付不高于银行同类同期贷款基准利率40%的利息，给予不超过50%的贴息补助，每家企业补贴额不超过50万元。列入雍和园文创中小企业发展集合资金信托计划所发生利息不受银行同类同期贷款基准利率40%上限的限制
其他	文菁计划	修订专项资金管理办法，共有100个文创项目通过专家立项评审；加强与金融机构合作，为文创企业融资1.1亿元
	上市补贴	《东城区关于支持企业上市挂牌融资的若干意见政策说明》《东城区关于鼓励企业上市挂牌融资的若干措施》

资料来源：根据相关政府网站整理而得。

（二）创业投资

近年来，东城区企业获得的风险投资总额不断增加，2018 年获得风险投资总额 1725.38 百万元。同时，位于东城区的投资机构达到 628 家，其中本土投资占 95% 以上。投资阶段主要集中在扩张期和成熟期，占比 79%。投资事件主要集中在 IT 行业、互联网行业、电信及增值业务行业，见图 3.4。

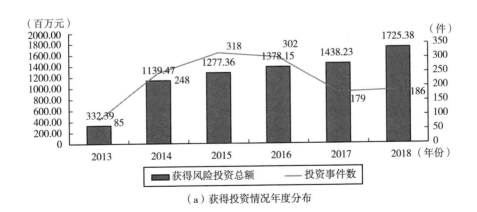

（a）获得投资情况年度分布

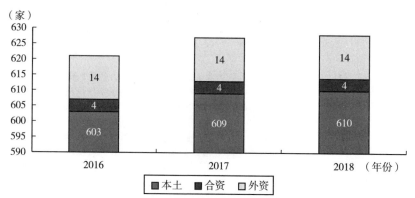

（b）投资人数量及资本类型年度分布

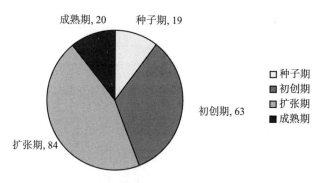

（c）2018年投资事件的投资阶段分布

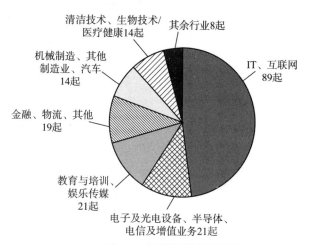

（d）2018年投资事件的行业分布

图3.4　东城区风险投资情况

资料来源：清科数据库。

（三）文化金融企业

集聚了北京市文化科技融资担保、华章东信、国华文创、厚德资本、北京国华文创小贷等一批文化金融企业，搭建文化产业与金融业之间的渠道，按照产权化—资产化—金融化的路径，综合利用信贷、信托、基金、担保、保险等金融工具，创新发展文化金融专业服务体系，推动文化创意产业多层次资本市场的建立，促进了中小文化企业的快速发展，见图3.5。

图 3.5　东城区主要文化金融企业

四、科技金融服务体系

东城园为更好地服务于创新创业，先后挂牌认定了包括东方嘉诚、嘉润等7家创新孵化基地。截至2016年底，孵化器已聚集了2650家企业，成为吸引文化科技企业入驻东城区的重要基地，已培育上市公司19家，见图3.6。

同时，2018年，北京市科学技术委员会发布第三批北京市众创空间拟挂牌名单，东城区航星创业园、DayDayUp两家众创空间进入该名单。

人才录用补贴：对于符合产业发展方向的驻区企业通过人才服务机构引进符合东城区重点发展产业方向的高层管理人才或核心技术岗位高端人才，给予不超过50%的中介费用补贴，每人补贴额不超过10万元，每家

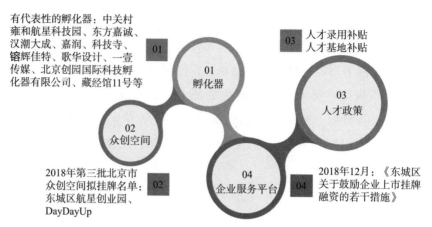

有代表性的孵化器：中关村雍和航星科技园、东方嘉诚、汉潮大成、嘉润、科技寺、镕辉佳特、歌华设计、一壹传媒、北京创园国际科技孵化器有限公司、藏经馆11号等

01 01 孵化器

03 人才录用补贴 人才基地补贴

03 人才政策

02 众创空间

2018年第三批北京市众创空间拟挂牌名单：东城区航星创业园、DayDayUp

02

04 企业服务平台

04 2018年12月：《东城区关于鼓励企业上市挂牌融资的若干措施》

图 3.6 东城区科技金融政策

企业年补贴额不超过 50 万元。人才基地补贴：支持高等院校、科研院所与符合产业发展方向的驻区企业联合建设人才培养基地开展定向专业人才培训，经区主管部门认定授牌的人才培养基地，培训后安排在驻区企业正式就业，录用企业按照就业人数给予每人不超过 50% 的培训费用补贴，每家录用企业年度补贴额不超过 20 万元；人才培养基地按照在东城区就业人数给予每人 500 元的培训费用补贴，年度补贴额不超过 20 万元。

2018 年 12 月印发的《东城区关于鼓励企业上市挂牌融资的若干措施》提出，东城区有关部门将拟上市企业、上市公司、优质挂牌企业列为重点服务对象，简化办事流程，提高办事效率；开辟"绿色通道"，提供"一站式"服务，积极帮助协调化解企业改制、挂牌、上市过程中和经营过程中遇到的问题，推进企业快速发展，进一步优化区域营商环境。

第二节 西城区科技金融生态系统

西城区是首都功能核心区，是政治中心、文化中心的核心承载区，历史文化名城保护的重点地区，体现国家形象和国际交往的重要窗口地区。以中关村西城园为核心，形成了以金融科技为主导、着重发展文化科技和数据专业服务产业的科技金融生态格局，见图 3.7。

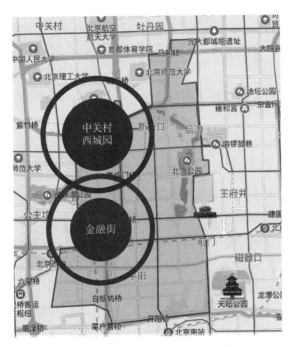

图 3.7　西城区科技金融生态系统分布

资料来源：百度地图。

一、产业发展

2018 年 1～8 月，西城区大中型企业 R&D 经费内部支出 16.1 亿元，同比增长 36.7%；研发人员 23340 人，同比增长 9.5%；研发投入比同期明显上升，相应研发产出也大幅增加，同时大中型企业科技投入的成果转化能力逐步提高，期末有效发明专利数 4629 件，同比增长 80.7%。[①]

2016 年，西城区技术市场成交额的绝对数值达到 249.15 亿元，相比 2010 年扩大了 3.53 倍，在创新成果转化方面取得了巨大进步，并且增长速度还在提高。[②]

---

① 北京市西城区人民政府：《经济保持稳健发展，提质增效成果渐显——2018 年 1～3 季度西城区经济运行情况分析》，北京市西城区人民政府官网，2018 年 11 月 16 日。

② 北京市统计局：《北京市区域统计年鉴－2018》，中国统计出版社 2018 年版。

2018 年 1~2 月，西城区大中型重点企业实现新产品销售收入 2.89 亿元，同比增长 35.3%，其中，科学研究和技术服务业实现新产品销售收入 2756.1 万元，同比下降 11.6%；工业实现新产品销售收入 2.6 亿元，同比增长 43.3%。①

西城园牢牢把握首都城市战略定位，紧紧依托和服务首都核心功能，秉承中关村强大的"创新基因"，探索出一条独具特色的嵌入式、功能协调的都市型科技园发展之路，见图 3.8。形成了以金融科技为主导产业，以文化科技和数据产业为重点产业，着重培育健康医疗和新能源的"1+2+2"产业布局。园区是联合国教科文组织授予北京"设计之都"的核心区、国家级文化和科技融合示范基地、北京金融科技与专业服务创新示范区、北京市服务贸易示范基地。同时拥有中国北京出版创意产业园区、北京市文化创意产业基地和示范基地、中关村广安军民融合特色产业基地、北京未来城市设计高精尖创新中心和 2 家国家级孵化器、5 家国家级众创空间。

图 3.8　西城园产业发展

---

① 北京市西城区人民政府：《近 1/4 单位开展 R&D 研发活动　人均研发支出达到 3 万元~2018 年 1~2 月西城区大中型重点企业研发情况分析》，北京市西城区人民政府官网，2018 年 4 月 4 日。

二、科技资源

西城园是科技创新的高地。园区拥有中国工程院、中国航空规划设计研究总院等 60 余家科研院所及高等院校，100 余个国家级和市级重点实验室、工程技术研究中心、工业设计中心、设计创新中心。园区从事科技活动人员及中高级技术职称人员均占从业人员的 1/4。工作和生活在园区的两院院士 69 人、市级及以上人才称号的创新创业人才近 200 人。[①]

同时，园区内央企通过开放共享其优质实验室资源，破解技术转移难题、促进科技成果转化与产业化，助力科研院所与广大民营高新技术企业加强合作交流、共享技术设备与科研仪器，不断促进园区高新技术企业提高核心竞争力，推动政产学研介五位一体创新平台的发展。

三、金融支持体系

（一）政府财税支持

西城区政府为进一步增强西城园自主创新能力，优化创新创业环境，引领区域产业转型升级，不断适应西城区发展转型和管理转型要求，建设具有首都特色的都市型科技园区，提供了强有力的财税引导与资金支持，见表 3.2。

表 3.2　　　　　　　　　西城区主要财税支持方式

支持类型	具体措施	详情
补贴	租房补贴	对中关村"十百千工程"企业、中关村知识产权领军与重点示范企业、中关村标准化示范企业，给予为期三年每年 10 万元人才住房补贴资金；对中关村"瞪羚计划"重点培育企业、承担市级及以上专项项目的国家级科技孵化机构，给予为期三年每年 5 万元人才住房补贴资金
	自主创新及注册权益补贴	年度获得国内发明专利授权的，每项给予 4000 元补贴；年度获得国内实用新型、外观设计、软件著作权、注册商标、集成电路布图等知识产权达到 3 项的，每项给予 1000 元补贴等

① 中关村西城园管理委员会：《我们是，中关村科技园区西城园》，北京市政府信息公开专栏，2018 年 12 月 11 日。

续表

支持类型	具体措施	详情
补贴	技术标准补贴	主导和参与制定基础技术、产品、工艺、技术服务的国际标准、国家标准、行业标准的企业，在标准公布后分别给予一次性50万元、20万元、10万元补贴等
	科技金融服务补贴	年度以优惠利率为企业提供半年至两年期限的非担保公司融资总额达到2000万元的合作金融机构，按照实际融资总额的3%给予风险补贴；年度为创业期企业提供的货币形式投资总额达到1000万元的投资机构和达到500万元的科技孵化机构，按照实际投资总额的3%给予风险补贴；年度为企业提供融资租赁服务总额达到1000万元的合作融资租赁企业，按照实际融资租赁业务总额的1%给予补贴
支持	配套资金支持	获得国家科学技术部、国家工业和信息化部的有关科技和产业化项目资金支持的，按所获资金不超过1:1的比例给予配套资金支持；获得北京市科学技术委员会、中关村科技园区管理委员会有关科技和产业化项目资金支持的，按所获资金不超过1:0.5的比例给予配套资金支持；企业自建研发机构，获得国家和市级立项并给予资金支持的，按所获资金1:0.5比例给予配套资金支持
	研发资金支持	对年收入规模100亿元（含）以上且研发投入比重达到3%的企业、收入规模10亿元（含）至100亿元且研发投入比重达到6%的企业、收入规模1亿元（含）至10亿元且研发投入比重达到9%的企业、收入规模2000万元（含）至1亿元且研发投入比重达到12%的企业，分别给予100万元、50万元、25万元、10万元的研发资金支持
奖励	资金奖励	《北京市西城区支持中关村科技园区西城园自主创新若干规定》
贴息	贷款贴息	对于企业在创业、创新活动中获得的贷款所缴纳的利息，按照不超过中国人民银行同期贷款基准利率上浮30%标准的实际利率给予企业50%的贴息补助；企业通过本区融资租赁机构取得为科技研发和创新创业服务的设备、器材等，按照其实际融资费用（包括不超过同期贷款基准利率上浮30%标准的租息和不超过融资租赁总额1%标准的手续费）的15%给予补贴
专项资金	区孵化加速基地与区孵化平台	《北京市西城区科技企业孵化加速平台认定和支持办法》
其他	银行贷款	与中国银行北京西城支行、中国银行北京宣武支行、中国建设银行北京西四支行、中国工商银行官园支行、北京银行华安支行、上海浦东发展银行股份有限公司北京分行等银行签约，作为中关村西城园战略合作银行，园区企业与银行发生的借贷业务可享受《有关贴息及风险补贴政策支持》

资料来源：根据相关政府网站整理而得。

（二）创业投资

2018 年，西城区企业获得风险投资 844.43 百万元，较 2017 年有所下降；投资事件共 181 件，为近三年来最低。从阶段分布来看，主要集中于企业扩张期和成熟期。从投资事件的行业分布来看，主要集中于 IT/互联网、金融/物流/其他、清洁技术/生物技术/医疗健康、机械制造/其他制造业/汽车，其中 IT/互联网行业最多，共 51 起投资事件，占总投资事件数的 28.2%。

2018 年，西城区投资机构数量为 721 家，近三年来数量逐步增长，截至 2018 年末，西城区投资机构的管理资本量共 36754 亿元。按照资本类型分布，2018 年，共有 691 家本土投资人，是投资人的主要类型，合资投资人共 14 家，外资共 16 家，见图 3.9。

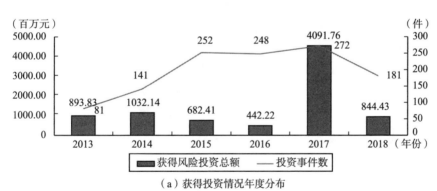

（a）获得投资情况年度分布

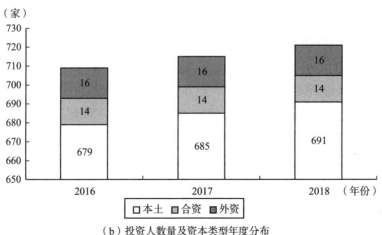

（b）投资人数量及资本类型年度分布

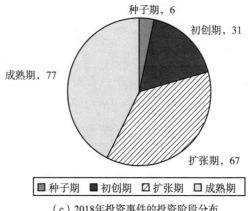

（c）2018年投资事件的投资阶段分布

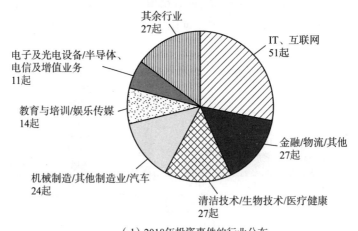

（d）2018年投资事件的行业分布

图3.9　西城区风险投资情况

资料来源：清科数据库。

（三）鼓励上市

西城区政府为进一步增强多层次资本市场服务实体经济能力，大力促进和支持企业上市发展，推动构建高精尖经济结构，制定了《北京市西城区鼓励和支持企业上市发展办法》，见图3.10。截至2017年底，西城区在资本市场上市或挂牌企业数量达到96家，160家高成长企业和48家创新型企业分别入选中关村"瞪羚计划"和"展翼计划"。

加强落实组织保障
加强企业上市工作组织领导
加强数据信息化建设

加强企业上市培育工作
完善企业上市后备资源库
宣传关于发展资本市场的方针政策
介绍有关企业上市的政策法规和相关要求
推广优质上市企业典型经验
开展上市挂牌培训和专家辅导

拓展企业上市综合服务
帮助解决上市企业办公用房需求
支持上市企业人才发展

发挥金融资源支持作用
举办多种融资活动
支持和鼓励企业发行债券直接融资
支持银行机构的多种金融服务与创新
综合运用小额贷款公司、融资性担保机构、
再担保机构业务平台

图 3.10 西城区鼓励上市政策

四、科技金融服务体系

为持续优化民营企业营商环境，中关村西城园不断完善创新发展平台
体系，推动西城园面向具有首都特色的都市型科技园区转型升级，通过推
进创新改革试点、建设特色产业集群、盘活腾退空间资源、集聚培养顶尖
人才四大任务，全面优化企业发展环境。

（一）众创空间和孵化器

目前，中关村西城园拥有 6 个众创空间、5 个孵化加速基地、3 个孵
化服务平台，见图 3.11，2017 年全年，西城园面向园区企业累计开展近
千次各类主题服务活动，对园区企业服务的覆盖率超过 80%。

（二）政策支持

中关村西城园在用足用好各级各类政策的基础上，出台了《北京市西
城区支持中关村科技园区西城园自主创新若干规定》《北京市西城区科技
企业孵化加速平台认定和支持办法》《北京市西城区促进出版创意产业园
区发展办法》，形成园区"1＋2"政策体系，2016～2017 年兑现政策支持
资金近 2 亿元。

西城园出台了《关于支持北京金融科技与专业服务创新示范区建设的
若干措施》，从重点支持领域、监管实验探索、专业服务创新、创新能力
提升、高端要素集聚、人才引进培养、应用场景示范、国内国际交流、城
市品质提升、营商环境优化十个方面给予服务和资金经费等方面的大力支
持。研究制定西城区设计产业发展专项支持政策，形成园区"1 + N"特
色政策体系。

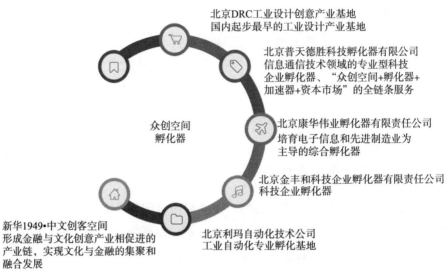

图 3.11　西城园典型孵化器

（三）平台建设

西城区积极开展人才服务、企业服务、融资服务、空间资源对接服
务、信息服务等平台建设，并取得了丰富的成果，见 3.12。

第三节　朝阳区科技金融生态系统

朝阳区是北京市重要的工业基地。区内集中有纺织、电子、化工、
机械制造、汽车制造等工业基地，见图 3.13。2017 年朝阳区实现总产

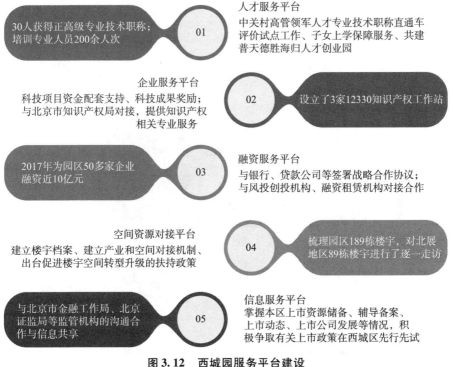

人才服务平台
中关村高管领军人才专业技术职称直通车
评价试点工作、子女上学保障服务、共建
普天德胜海归人才创业园

01
30人获得正高级专业技术职称；
培训专业人员200余人次

企业服务平台
科技项目资金配套支持、科技成果奖励；
与北京市知识产权局对接，提供知识产权
相关专业服务

02
设立了3家12330知识产权工作站

03
2017年为园区50多家企业
融资近10亿元

融资服务平台
与银行、贷款公司等签署战略合作协议；
与风投创投机构、融资租赁机构对接合作

空间资源对接平台
建立楼宇档案、建立产业和空间对接机制、
出台促进楼宇空间转型升级的扶持政策

04
梳理园区189栋楼宇，对北展
地区89栋楼宇进行了逐一走访

05
与北京市金融工作局、北京
证监局等为监管机构的沟通合
作与信息共享

信息服务平台
掌握本区上市资源储备、辅导备案、
上市动态、上市公司发展等情况，积
极争取有关上市政策在西城区先行先试

图 3.12 西城园服务平台建设

值 5635.5 亿元，同比增长 6.6%，其中第二产业占比 7.5%，第三产业占比 92.5%。中关村朝阳园企业总收入 5538.9 亿元，同比增长 20.3%[①]。

中关村朝阳园是中关村国家自主创新示范区的重要组成部分，占地面积 26.1 平方公里，包括电子城东区、电子城西区、健翔园、电子城北区、望京地区和垡头中心区。先进制造技术、电子信息领域、新能源与高效节能技术、生物工程和新医药组成了朝阳区四大重点领域。

---

① 中关村西城园管理委员会：《我们是，中关村科技园区西城园》，北京市政府信息公开专栏，2018 年 12 月 11 日。

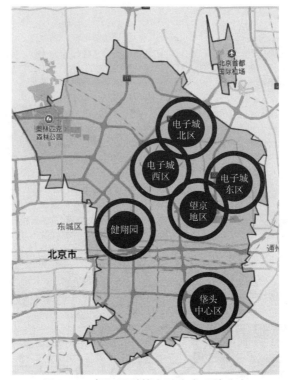

图3.13　朝阳园科技金融生态系统分布

资料来源：百度地图。

一、产业发展

2016年，朝阳区科技研发人员达120586人，比上年增加了6321人；研发机构数为723家，比上年增加了55家；朝阳区企业研发投入为61.27亿元，比上一年增长了12.7%；专利申请数38611件，比上年增长了46.3%；技术市场合同成交额754.68亿元。2017年，朝阳区工业总产值为5635.5亿元，其中新产品销售收入为199.9亿元[①]。

朝阳区基本形成"一园多点"的空间布局："一园"即电子城科技园（含健翔园），"多点"即"一园"周边的相关产业用地。朝阳园加快推进新一代信息技术、生物、新能源、高端装备制造四大战略性新兴产业发

---

① 北京市统计局：《北京市区域统计年鉴－2018》，中国统计出版社2018年版。

展，重点发展新一代移动通信、下一代互联网、物联网和软件四大产业链，打造生物医药、新能源、高端装备制造三大产业群。支柱产业是电子信息业。截至 2017 年，园区内高新技术企业达 2743 家，主要集中在电子信息企业和高技术服务企业。朝阳区高新技术产业分布（2017）见图 3.14。

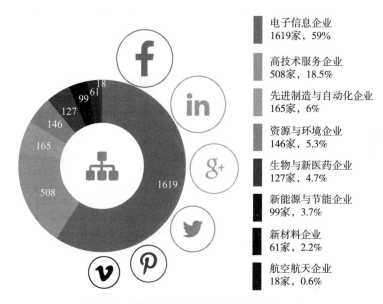

电子信息企业
1619家，59%

高技术服务企业
508家，18.5%

先进制造与自动化企业
165家，6%

资源与环境企业
146家，5.3%

生物与新医药企业
127家，4.7%

新能源与节能企业
99家，3.7%

新材料企业
61家，2.2%

航空航天企业
18家，0.6%

图 3.14　朝阳区高新技术产业分布（2017）

世界银行、国际货币基金组织、亚洲开发银行、国际金融公司、联合国开发计划署的驻华机构，德意志银行、蒙特利尔银行等外资法人银行，中金公司、中德证券等合资券商，中意人寿、中英人寿、中信保诚人寿等合资保险，大众汽车金融、宝马汽车金融、奔驰汽车金融等汽车金融，瑞士再保险、法国再保险、慕尼黑再保险等外资再保险，纽约泛欧交易所、德意志交易所等外资证券交易所，纳斯达克、道琼斯、标准普尔等美国股指机构等国际知名金融组织均落户朝阳，朝阳区已经成为国际金融组织落户中国的首选地。

二、科技资源

朝阳区的跨国公司总部数量占全北京市 7 成，特斯拉、惠普、雷诺、斯伦贝谢等知名跨国企业均设立了区域性总部；苹果中国研发、默沙东、特斯拉、戴姆勒、霍尼韦尔、沙特阿美、西门子、阿里巴巴等国际知名企业的研发创新机构聚集朝阳区。2017年新引进华夏出行、聚美优创等16家国内外知名总部企业落户，区内跨国公司地区总部已达到116家，外资金融机构322家，共有来自12个国家和地区的63家境外世界五百强企业在朝阳区投资设立了300余家外资公司。这些高端企业的加速聚集，辐射带动朝阳区内CBD、中关村朝阳园、奥运文创实验区等功能区发展，助推形成新的经济增长极。[1]

此外，内外资研发机构集聚使得朝阳区创新活跃，截至2018年8月27日，朝阳区国家级知识产权优势示范企业达到35家，各类知识产权试点和示范单位蓬勃发展，见图3.15。

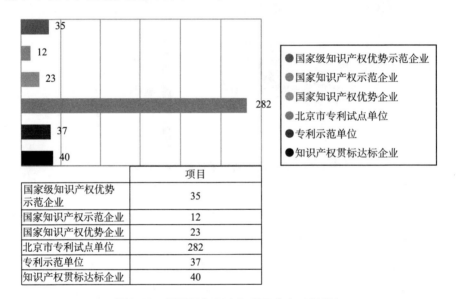

	项目
国家级知识产权优势示范企业	35
国家知识产权示范企业	12
国家知识产权优势企业	23
北京市专利试点单位	282
专利示范单位	37
知识产权贯标达标企业	40

图3.15　朝阳区知识产权项目分布（2018）

三、金融支持体系

（一）政府财税支持

朝阳区政府为进一步增强朝阳园自主创新能力，优化创新创业环境，引

---

① 查甜甜：《北京朝阳区跨国公司地区总部数量占全市7成》，千龙网，2018年1月30日。

领区域产业转型升级，提供了强有力的财税引导与资金支持，见表 3.3。

表 3.3 朝阳区主要财税支持方式

支持类型	具体措施	详情
补贴	"政策 10 条"	《北京市朝阳区关于加快培育发展现代金融服务业的实施意见》，给予每项最高不超过 200 万元的支持
	《朝阳区高新技术产业发展专项资金管理办法》	高新技术成果转化或应用示范项目，根据规定给予每项不超过 100 万元的资金支持
		技术服务平台以及公共服务平台，根据规定给予每项最高不超过 200 万元的资金支持
		对认定国家高新技术企业所发生的相关费用按实际发生额进行补助，最高不超过 3 万元
		重点商务楼宇、工业物业、孵化器、第三方中介等，根据评估给予不超过 500 万元的资金支持
		对信用担保贷款的担保费用给予担保费率 50% 的补贴
		对评级结果达到 BB – 等级以上的，给予 50% 信用评估报告费用补贴支持
		其他
减税贴息	"政策十五条"	对符合条件的文创企业，根据企业信用等级给予 20% ~ 50% 的贴息支持
		入选"蜂鸟计划"的重点文创企业，给予担保费、信用评级费用的 50% 补贴，并给予企业 30% ~ 70% 的贷款贴息
引导基金	朝阳区文化创意产业发展引导基金	总规模预计 100 亿元，采取母基金（20 亿元）+ 子基金的形式构成
		重点投资符合首都功能定位和未来产业发展方向、文化创意与科技创新融合发展的文化产业项目和企业

资料来源：根据本相关政府网站整理而得。

（二）科技贷款

国家文创实验区先后与北京银行、工商银行北京分行、民生银行等金融机构和担保机构签约，合力推进文化金融服务创新工作，见图 3.16。此外，国家文创实验区管委会与 10 家担保和评级公司签署战略合作协议，针对文创实验区内的企业制定优惠的政策和担保产品，为文创企业提供全方位的金融服务，见图3.17。

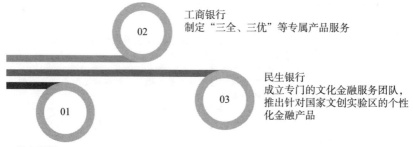

图3.16　朝阳区银行支持创新项目

图3.17　朝阳区合作的担保和信用评级机构

（三）创业投资

朝阳区获得的投资金额和投资事件数自2016年以来呈下降趋势，但是朝阳区获得的投资金额较大，2018年获得了13032.99百万元。投资机构和资本类型以本土为主，但是合资和外资投资的数量相对于北京市其他区来说比较高。并且以投资扩张期为主，初创期其次。另外，这些投资事件中投资最多的行业是IT/互联网，有237起，占当年投资事件的42%，见图3.18。

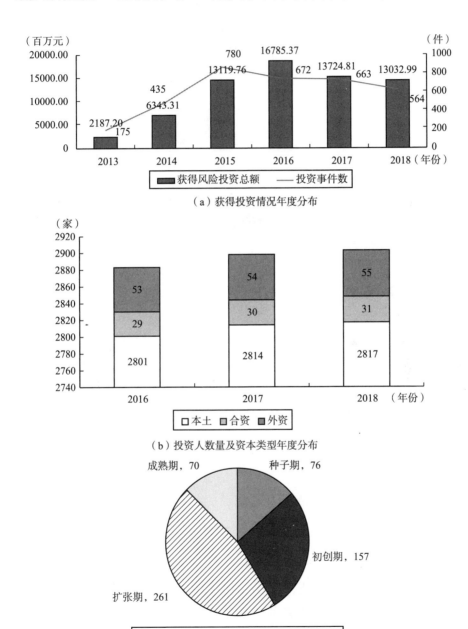

（a）获得投资情况年度分布

（b）投资人数量及资本类型年度分布

（c）2018年投资事件的投资阶段分布

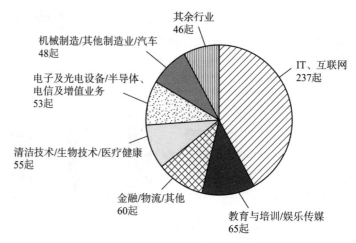

（d）2018年投资事件的行业分布

图3.18 朝阳区风险投资情况

资料来源：清科数据库。

（四）设立文创板块

2016年，国家文创实验区与北京股权交易中心正式签署战略合作协议，北京股权交易中心文创板块正式落地实验区，标志着北京专门针对文化创意产业的股权交易平台"文创四板"建设正式启动。文创四板落地后，充分利用北京股权交易中心资本优势和信息优势，拓宽中小企业直接和间接融资渠道，为挂牌企业提供合法、有序的转让平台，提供快速、高效、低成本的股权、债权转让服务，实现挂牌标的流动和增值，提升企业价值。

四、科技金融服务体系

（一）众创空间和孵化器

朝阳园依托望京科技园、兆维科技园、京东方科技园、健翔园创业中心等，瞄准战略性新兴产业，聚集一批最新的技术成果、创新项目和创业人才，培育孵化一批高成长性的、本土的"创新、创业、创税"源头企业，见图3.19。整合区的商务写字楼、厂房等孵化资源，健全孵化体系，严格筛选入园企业。

	2018 年
相关政策	《朝阳区促进众创空间建设工作实施方案》《朝阳区众创空间认定管理办法》《朝阳区众创空间入驻企业管理办法》； 科技部印发《专业化众创空间建设工作指引》
众创空间建设	2017~2018 年
	2017 年，扶持 16 家孵化机构创新发展，支持资金 540 万元； 截至 2018 年 6 月 4 日，全区培育各类孵化器和众创空间 71 家，其中市级以上孵化器 9 家，获得国家认定众创空间 18 家，北京市认定众创空间 48 家
孵化成果	2017 年
	在孵企业超过 3000 家，年收入总额超过 50 亿元，近一年孵化的高成长性"黑马型"企业 50 余家；办公场地面积总计 120 万平方米，其中公共服务面积约 24 万平方米； 为创新企业提供活动路演、项目决策、投融资辅导等服务

图 3.19　朝阳区众创空间及孵化器建设情况

资料来源：《朝阳再添 14 家市级众创空间》，北京朝阳文明网，2018 年 5 月 8 日。

（二）平台建设

朝阳区在园区行政服务、不动产登记信息服务、商标质押贷款融资平台等方面进行了积极探索，帮助园区企业简化工商行政流程、提高信息登记效率和融资渠道，并取得了较好的效果，见表 3.4。

表 3.4　　　　　　　　　　　　朝阳区平台建设情况

名称	服务内容
朝阳区生产力促进中心	1. 技术合同认定登记
	2. 组织各类培训、商务考察
	3. 建立了北京市朝阳区科技信息共享平台，2009 年建立并开通了北京市朝阳区科技信息共享平台
	4. 承接朝阳科委对外业务： 专利费用减缓；专利资助、奖励；高新认证、科技进步奖、民办非企业申请等相关业务的办理及咨询工作

续表

名称	服务内容
朝阳区知识产权服务中心	负责本区专利法律法规和相关政策的宣传培训工作
	负责配合开展专利综合执法和专利纠纷协调工作
	负责本区专利实施资金项目和专利试点企业的初审以及专利资助奖励金和知识产权质押贷款贴息的发放工作
	负责协调专利中介机构，提供专利申请、评估和保护维权等服务工作；负责指导企业知识产权制度建设和专利战略的制定实施工作，并协助做好品牌的保护、开发和利用
	负责建立知识产权服务平台，促进专利技术的转让和推广应用工作
	承担专利相关的信息咨询服务工作
北京市朝阳区人才服务中心	人才招聘、人才推荐、人事代理务、社会保险代理、各类专业化测评、高端定制培训、人力资源诊断及咨询开发等服务
电子城技术合同登记处	技术合同认定登记，同时免费为企业开展前期咨询、合同初审、集中培训、一对一辅导、大额合同绿色通道等各类服务，对有特殊情况的企业还提供免费上门服务
北京市朝阳区电子城科技成果转化平台	为园区企业提供人才、技术成果、企业需求等方面信息，实现科技成果、人才与企业研发动态结合和实时信息交流
信息服务平台	在不动产登记方面，推广"互联网＋不动产登记"改革，实施"一窗办理"举措
商标质押贷款融资平台	工商朝阳分局还为企业和银行之间搭建了商标质押贷款融资平台，解决企业资金周转困难

第四节　丰台区科技金融生态系统

丰台区是首都中心城区和首都核心功能主承载区，位于北京市南部。2017 年，实现地区生产总值 1425.8 亿元，比上年增长 6.5%。三次产业结构为 0.1∶19.9∶80.1。[①]

丰台区是首都高品质生活服务供给的重要保障区、首都商务新区、科

---

① 北京市统计局：《北京市区域统计年鉴–2018》，中国统计出版社 2018 年版。

技创新和金融服务的融合发展区、高水平对外综合交通枢纽、历史文化和绿色生态引领的新型城镇化发展区，见图3.20。

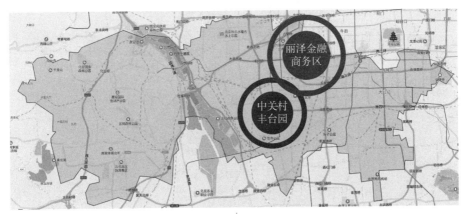

图3.20　丰台区科技金融生态系统分布

资料来源：百度地图。

一、产业发展

2016年，丰台区企业研发投入20.86亿元，科技活动人员数达18265人，比上年增加3000人。2017年，丰台区专利申请量与授权量分别为11359件和6123件，分别比上年增长13.6%和14.6%；其中，发明专利申请量与授权量分别为5105件和2078件，分别增长10.9%和17.5%。丰台区签订各类技术合同3158项，比上年下降5.6%；技术合同成交总额为704.6亿元，增长10.5%。[①] 国家级高新技术企业保有量超过1200家，增幅超30%。[②]

丰台园产业呈现"两主两辅多特色"的特点，"两主"指两大主导产业：轨道交通和军民融合产业；"两辅"指两大辅助产业：生物医药和工程服务产业；"多特色"指节能环保、应急救援、科技服务等多个特色产业，见图3.21。园区未来将重点构建"高精尖"经济结构，将"高精

[①] 北京市统计局：《北京市区域统计年鉴−2018》，中国统计出版社2018年版。

[②] 李贺：《北京丰台区国家级高新技术企业保有量超1200家》，千龙网，2018年2月9日。

尖"、创新型产业作为发展之本，着力转方式、调结构。

图3.21　丰台区支柱产业

二、科技资源

丰台区有7大军工集团，27家国防科研院所，3万台（套）国内外先进水平的科研设备，35个国家和省部级重点实验室（工程中心）。[①]

截至2017年，丰台区有33名两院院士，3万余名科技人员，4000多项高新技术科研成果。北京市专利示范单位11家。16.8万高科技从业人员中拥有中高级职称人数达3.4万人，拥有"千人计划"（1人）、"海聚工程"（2人）、"高聚工程"（3人）、"万人计划"（2人）及享受国务院特殊津贴（2人）等高端人才10人。[②]

三、金融支持体系

（一）政府财税支持

丰台区政府为进一步增强丰台园自主创新能力，优化创新创业环境，引领区域产业转型升级，不断适应丰台区发展转型和管理转型要求，提供了强有力的财税引导与资金支持，见表3.5。

---

① 人民画报：《丰台区唱响航天颂歌　助力航天梦想》，人民画报网，2018年4月25日。
② 鲍聪颖、高星：《中关村丰台园》，人民网，2017年7月2日。

表 3.5   丰台区主要财税支持方式

支持类型	具体措施	详情
补贴	研发补贴	连续两年研发投入经费达到总产值 10% 以上，对上一年新增研发经费给予 30% 的补贴，最高不超过 100 万元
	获奖奖励	对获得国家级科技进步奖的企业，给予 10 万元的一次性奖励
		对获得北京市科技进步奖的企业，给予 5 万元的一次性奖励
	股改、上市补贴	企业完成股份有限公司改制后，给予 50 万元补助
		完成上市辅导后，给予 100 万元补助
		对首次公开发行股票上市的企业，给予 200 万元补助
减税贴息	减税	国家高新技术企业减征所得税
		税前扣除相关人员工资、教育经费；分期缴纳个人所得税
引导基金	丰台区产业发展引导基金	区政府为了引导和扶持重点产业项目建设，每年安排 5000 万元，并逐年递增
	丰台区科技型中小企业创新基金	企业条件：丰台区成立一年以上、从事高新技术产品研制/开发/生产/服务、科技人员占比符合要求、每年高品研发经费高于 5% 的销售额
		资助方式：新增投资额 1000 万元以下 + 60% 自有配资 + 周期不超 2 年
		无偿资助数额一般不超过 100 万元，重大项目不超 200 万元；同一年度内，一个企业只能申请一个项目

资料来源：根据本相关政府网站整理而得。

（二）科技贷款

2017 年，丽泽引进橄榄木投资、长城河钢产业基金、中铁京津投资等符合丰台区产业定位的 8 家新兴金融机构，至此，累计引进金融机构 393 家，商务区内金融业态涉及传统银证保及证券创新、信贷资产登记流转、股权投资基金等 14 类。[1]

---

[1] 李瑶：《丰台新兴金融产业聚丽泽》，载《北京日报》2018 年 1 月 11 日。

（三）创业投资

2018 年，丰台区风险投资金额为 2616.50 百万元，投资事件共 84 件，较上一年下降了 18.15%。从投资阶段来看，投资于企业初创期、扩张期和成熟期较为均衡，种子期较少。从投资事件的行业分布来看，主要集中于 IT/互联网和清洁技术/生物技术/医疗健康，共投资 44 起，占 52.4%。位于丰台区的创业投资机构有 528 家，管理资本量共 98.28 亿元，见图 3.22。

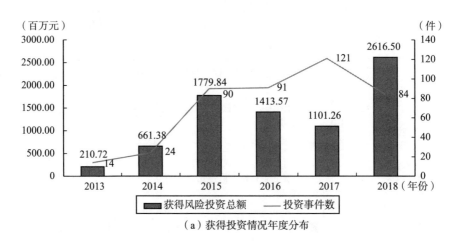

（a）获得投资情况年度分布

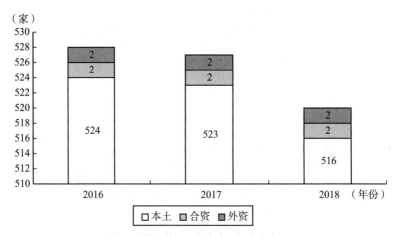

（b）投资人数量及资本类型年度分布

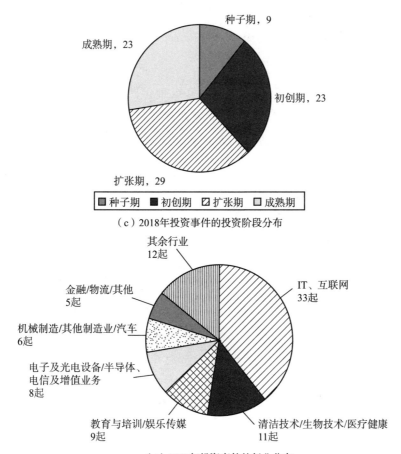

（c）2018年投资事件的投资阶段分布

（d）2018年投资事件的行业分布

图3.22 丰台区风险投资情况

资料来源：清科数据库。

（四）资本市场上市情况

截至2016年，丰台区累计挂牌上市企业67家，其中上市企业22家（不含境外上市企业），列全市第四；"新三板"挂牌企业45家，列全市第六；在北京股权交易中心挂牌展示259家，列全市第三。"新三板"挂牌45家企业中有17家实现了股权融资，融资额总计超过14亿元；24家实现了间接融资，融资额总计超过1亿元。①

——————————

① 《丰台区累计挂牌上市企业67家》，载《投资北京》2016年第7期。

四、科技金融服务体系

（一）孵化器和众创空间

截至 2016 年，丰台区共有 7 家国家级孵化器、8 家国家级众创空间、12 家市级众创空间，2017 年新增 18 家众创空间。通过在线孵化服务、孵化基金、企业孵化创新联盟等为企业提供全方位、多层次的创新创业服务，见图 3.23。

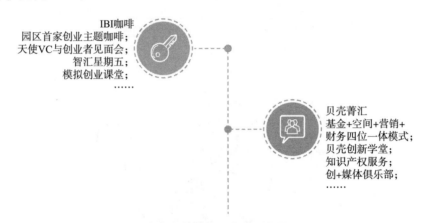

图 3.23 丰台区典型孵化器

（二）平台建设

丰台区通过中小企业服务平台、创新创业服务平台、企业创新信息平台和知识产权创新运营模式来丰富和完善园区的科技金融服务平台，见图 3.24。

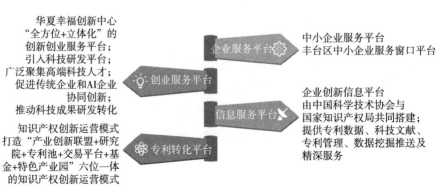

图 3.24 丰台区平台建设情况

第五节　石景山区科技金融生态系统

石景山区位于北京市西部，是北京市六个主城区之一，2016 年末，常住人口达 63.4 万人，地区生产总值达 482.1 亿元，较 2015 年增长 7.1%，第三产业增加值达 336 亿元，较 2015 年增长 8.6%。其中，信息传输、软件和信息技术服务业收入达 252.1 亿元，金融业收入达 444.2 亿元，商业服务业收入达 149.6 亿元。[①]

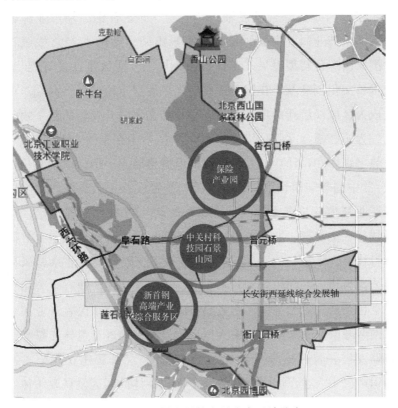

图 3.25　石景山科技金融生态系统分布

资料来源：百度地图。

---

① 北京市统计局：《北京市区域统计年鉴－2018》，中国统计出版社 2018 年版。

一、产业发展

2016 年，石景山区企业研发投入为 5.39 亿元，科技人员为 21727 人；专利申请数为 3605 件，相比上一年增加了 1168 件；授权数为 1809 件，相比上一年减少了 260 件；技术市场成交额为 53.31 亿元，较上年增长 10.1%。2017 年，中关村石景山园工业总产值为 99.4 亿元，总收入达 2139.5 亿元，其中技术收入为 356.7 亿元，新产品销售收入为 56.3 亿元。

中关村石景山园打造了"一轴三园"高端产业集聚发展格局。"一轴"即长安街西延线综合发展轴；"三园"即新首钢高端产业综合服务区、北京保险产业园、中关村科技园石景山园，见图 3.25。按照石景山区建设国家级绿色转型发展示范区的目标要求，园区重点发展现代金融、高新技术、文化创意及科技服务等符合区域发展定位的新兴高端产业，努力建设成为区域经济新的增长极。以科技和文化融合发展的数字娱乐产业为特色，为园区树立品牌、增强核心竞争力。园区已形成网络游戏、影视动漫、数字媒体和设计产业互为支撑的发展格局，千余款原创文化作品相继问世，"中国数字娱乐第一区"品牌初步形成；先后获得"国家网络游戏动漫产业基地""国家动画产业基地"等一批特色品牌认定；被中宣部、科技部、文化部、原广电总局和原新闻出版总署联合认定为"国家级文化和科技融合示范基地"；以趣游科技集团有限公司、北京暴风科技股份有限公司为代表的娱乐互动门户企业，以华录文化产业有限公司为代表的影视文化企业先后参与国家重大科技工程建设；北京保险产业园、中关村互联网金融产业基地等一批重大项目建设有序推进，引导支撑高端绿色产业快速发展。园区努力打造"石景山服务"品牌，建立健全"特色产业＋知识产权＋人才发展＋创新激励"四位一体的园区发展政策体系，将品牌、政策和服务优势辐射至全区。针对企业不同的发展阶段，实施"金种子计划""明星计划""小巨人计划""个十百工程"等扶持项目，在全区形成从创新研发、创业发展到产业集聚的良好功能布局，见图 3.26。

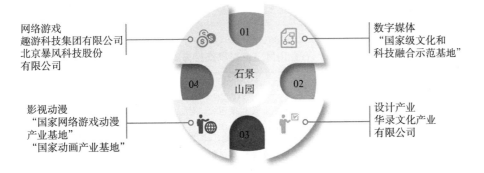

网络游戏
趣游科技集团有限公司
北京暴风科技股份
有限公司

数字媒体
"国家级文化和
科技融合示范基地"

影视动漫
"国家网络游戏动漫
产业基地"
"国家动画产业基地"

设计产业
华录文化产业
有限公司

图 3.26　石景山区支柱产业

截至 2016 年，园区共有 795 家企业，分别属于高新技术产业、现代金融产业、文化创意产业、商务服务产业、旅游休闲产业，与园区规划一致，这些产业均以服务业为主。其中 333 家为高新技术企业。

二、科技资源

截至 2018 年 8 月 15 日，石景山区已拥有国家级科技创新基地 14 家，其中国家级重点实验室 11 家，国家级企业技术中心 3 家；拥有各类市级科技创新基地 79 个，其中北京市重点实验室 6 家，北京市工程技术研究中心 9 家，中关村开放实验室 7 家，北京市工程实验室 6 家，北京市工程研究中心 3 家，北京市企业技术中心 23 家，北京市设计创新中心 13 家，北京市企业科技研究开发机构 5 家，北京市国际科技合作基地 7 家。[①]

三、金融支持体系

（一）政府财税支持
石景山区政府为不断适应现阶段经济发展转型和管理转型要求，提高

①　石景山区科学技术委员会：《驻区又一院所获批国家级重点实验室》，石景山区政府门户网站，2018 年 8 月 15 日。

自身的创新水平，建设特色的科技园区，为企业提供了强有力的财税引导与资金支持，见表3.6。

表3.6 石景山区主要财税支持方式

支持类型	具体措施	详情
补贴	房租补贴	经认定企业按年度租金减让总额的50%给予补贴，每年不超过100万元
		行业龙头企业和回迁重点企业经认定可享受每平方米1000元的购房补贴
		对在本区租赁自用办公场所的重点企业，可享受每天每平方米1元的租赁补贴，最高补贴面积1000平方米
		经认定楼宇经营者最高100万元的一次性奖励
	技改资金支持	经认定众创空间建设项目，按其建设年度内实际发生投资额的10%给予后补贴，单个项目累计最高不超过100万元
		经认定企业和项目，给予区域综合贡献40%的技术改造和技术创新资金奖励
	融资补贴	非利息类的发行费用、担保费用、信用评估费用等相关费用，按照实际发生额的50%给予一次性补贴
		单个企业贷款贴息和费用补贴合计每年不超过50万元，连续3年总额不超过100万元
	宽带接入补贴	对为创业企业接入不低于100M宽带的创业服务载体，按其宽带资费的50%给予后补贴，每年不超过10万元
	上市补贴	对在新三板挂牌的企业给予30万元的一次性奖励
		在中关村股权交易服务集团挂牌的企业给予5万元的一次性奖励
	专利奖励	发明专利奖励5000元/件、实用新型专利奖励1000元/件、外观设计专利奖励300元/件；对于通过PCT及其他途径进入国外发明专利受理阶段的，按照1万元/国/件标准给予资助，每件最多资助两个国家或地区；对获得国外发明专利授权的，奖励1万元/件

续表

支持类型	具体措施	详情
税收优惠	管理人员减税	对区级综合经济贡献达到500万元（含）以上的企业，对其高级管理人员按其缴纳的个人所得税的30%给予奖励，连续奖励三年，每家企业不超过10名；对2017年1月1日后区级综合经济贡献首次突破100万元（含）以上的企业，给予董事长5万元的一次性奖励
	贴息	对从经金融管理部门核准的金融机构获得的担保、抵押、信用或无抵押等各类贷款以及集合信托和集合票据类产品，每年给予50%的贷款贴息
引导基金	专项资金	石景山区创新创业专项资金：对围绕产业高端发展、绿色园区建设、服务改善民生、文化繁荣发展、智慧城市建设、生态环境优化等方面重大科技成果转化应用的支持资金比重不低于年区级科技专项经费60%
	风险代偿	《石景山区文化创意企业贷款风险补偿资金管理暂行办法》：经审核后，可暂由风险补偿资金代偿，代偿比例由风险补偿资金、合作银行各承担50%

资料来源：根据本相关政府网站整理而得。

（二）创业投资

2018年，石景山区企业获得的风险投资金额为2019.22百万元，发生投资事件124起，均匀分布于种子期、初创期和扩张期的企业，成熟期投资事件较少。IT/互联网企业获得的投资最多，占58.9%。截至2018年，位于石景山区的投资机构308家，共管理962.34亿元资本，大部分为本土投资人，见图3.27。

（a）获得投资情况年度分布

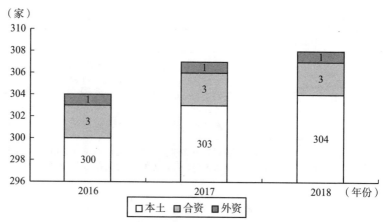

（b）投资人数量及资本类型年度分布

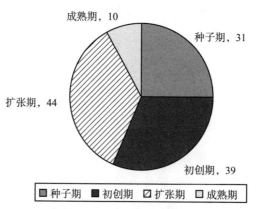

（c）2018年投资事件的投资阶段分布

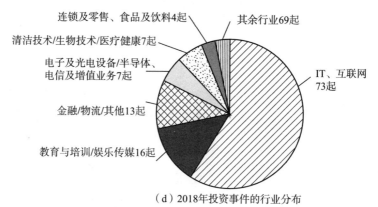

（d）2018年投资事件的行业分布

图 3.27　石景山区风险投资情况

资料来源：清科数据库。

四、科技金融服务体系

（一）众创空间和孵化器

首钢侨梦苑海外院士工作站、常青藤创业园和石谷轻文化产业孵育基地是石景山区针对其产业发展规划着力建设的创新创业服务平台，见图3.28。

图3.28　石景山区众创空间和孵化器

截至2015年，石景山区共有国家级众创空间和孵化器3家，市级众创空间和孵化器3家，区级众创空间和孵化器4家，集聚各类创新创业服务机构超过20家。截至2018年1月23日，石景山区共有中关村创新型孵化器6家。

（二）平台建设

石景山区通过企业服务平台、信息服务平台和融资服务平台建设模式来丰富和完善园区的科技金融服务平台，见图3.29。

企业服务平台
"多证合一、一照一码"登记制度改革；
"百人对百企"精准服务企业机制；
区处领导联系企业"一对一"精准服务；
建立税银企金融服务平台；
人才公寓

信息服务平台
建立企业综合服务平台，
应用新一代信息技术与
企业服务相融合，实现
信息跨部门共享、服务
跨部门协同

融资服务平台
推广"孵化+创投"模式；
完善创业金融服务体系

图 3.29　石景山区服务平台建设情况

第六节　海淀区科技金融生态系统

　　海淀区是北京市城市功能拓展区的重要组成部分。依托区内顶尖大学和科研机构，与全球顶尖大学和研究机构合作，加快构建"高精尖"经济结构，打造全国科技政策源地、高端经济增长极、高端创新人才聚集区、科技金融创新中心和创新创业首选地，抢先布局如脑计划、量子通信、核心芯片、基础软件等面向未来的战略性先导产业。2016 年全年实现地区生产总值 5395.2 亿元，比上年增长 7.5%，其中第二产业、第三产业分别占 11.1% 和 88.8%。[①]

　　海淀区的产业园区以中关村海淀园为主导，重要的基地有上地信息产业基地、中关村永丰高新技术产业基地。此外，海淀文教产业园和稻香湖金融服务中心是重要的补充，见图 3.30。

一、产业发展

　　2016 年，海淀区企业研发投入达到 189.8 亿元，比上一年增长 45.23%；技术合同成交额的绝对数值达到 1523.9 亿元。截至 2017 年，海淀区有效发明专利拥有量 94524 件，占北京市的 46%。[②] 截至 2018 年

---

　　①② 北京市统计局：《北京市区域统计年鉴－2018》，中国统计出版社 2018 年版。

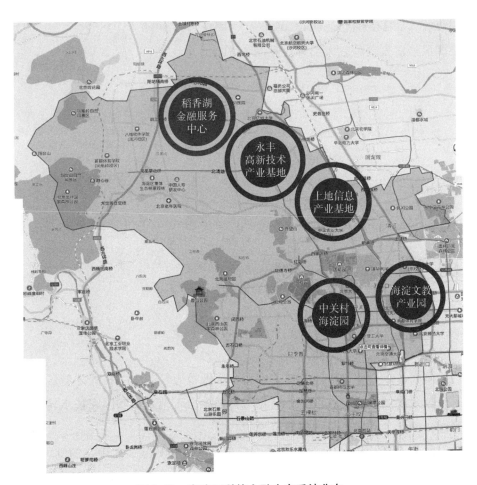

图 3.30　海淀区科技金融生态系统分布

资料来源：百度地图。

底，海淀区共有国家级高新技术企业 8992 家、中关村高新技术企业
12236 家、瞪羚企业 727 家。[①]

　　中关村海淀园的三大支柱产业是：电子信息产业、新材料、高端制造
产业。其中，2017 年 1 ~ 7 月，电子信息产业实现总收入 6810.15 亿元，
同比增长 17.4%，总量占全园区的 69%；新材料、高端制造产业分别实

　　① 王晓娟：《我区国家高新技术企业今年预计突破 1 万家》，北京市海淀区人民政府网，
2017 年 12 月 20 日。

现总收入 591.63 亿元、243.09 亿元，同比增长 29.9%、36.2%，成为拉动园区经济发展的三大引擎，见图 3.31。

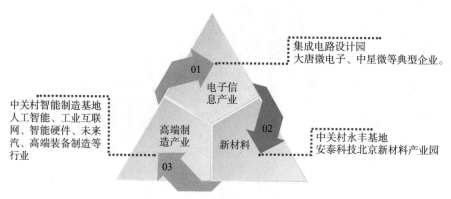

图 3.31　中关村海淀园主导产业分布

二、科技资源

海淀区作为中关村国家自主创新示范区核心区、中关村人才特区、国家科技金融创新中心、国家级文化与科技融合示范基地和国家技术转移集聚区，拥有全国最密集的科教资源优势。

截至 2015 年，在海淀区内设立总部型分支机构或研发中心的世界 500 强企业超过 40 家，占示范区总数的 40%；全区注册资本在 100 万元以上的外资研发机构达 350 家，占全市的 62%。截至 2016 年，海淀区科研院所有 142 家，其中中央、市级、区级分别有 114、24、4 家。

截至 2017 年，海淀区有高等学府 78 所，国家级重点实验室 73 个，国家级工程研究中心 29 个。聚集"千人计划"人才 927 人、"海聚工程"人才 267 人、"高聚工程"人才 184 人，分别占全市的 70%、36% 和 68%，累计认定"海英人才"计划 518 人。

三、金融支持体系

（一）政府财税支持

为充分利用社会资本的资金和管理优势，推动海淀区投融资体制改革，促进区域经济和社会发展，海淀区特设立了海淀区建设发展基金、海淀园产业发展专项资金。此外，为加快建设国家科技金融创新中心，海淀区自2012年起设立了科技金融创新发展专项资金，6年来，累计为超过1250家符合产业发展方向的企业提供了超过7.9亿元的资金支持，见表3.7。

表3.7   海淀区主要财税支持方式

支持类型	具体措施	详情
补贴	国际合作研发项目补贴	对企业围绕重点产业领域与境外企业、外资研发机构合作开展技术研发而产生的研发费用、关键技术设备购置费用及购买用于引进消化吸收再创新的知识产权费用等，按照实际支出额最高50%的比例给予补贴，最高补贴金额100万元
	研发投入补贴	对连续3年（含）以上增加研发投入、且研发投入强度高于当年核心区同规模企业平均水平的企业，按其上年新增研发经费的30%给予补贴，最高补贴金额300万元
	利商用化专项	对实际货币收入在500万元以上的发明专利和实用新型专利商用化项目，根据其专利交易成本、经济效益等给予补贴，最高补贴金额100万元
	市场拓展补贴	对企业在建立海外研发基地、实施海外并购等国际化经营过程中所发生的中介费用，按照最高50%的比例给予补贴，最高补贴金额200万元
	质量奖励	对获得中国质量奖、北京市政府质量奖的企业，分别给予最高50万元、30万元
引导基金		海淀区建设发展基金；海淀园产业发展专项资金

资料来源：根据相关政府网络整理而得。

（二）创业投资

2018年，海淀区投资事件共1362件，投资金额为36259.35百万元，较2017年有所下降。投资事件主要集中于初创期（32%）和扩张期（42.8%）。从投资行业来看，主要集中于IT/互联网，发生投资事件694起，占总投资事件数的51%。位于海淀区的投资机构有2792家，管理资本量共6833.91亿元，见图3.32。

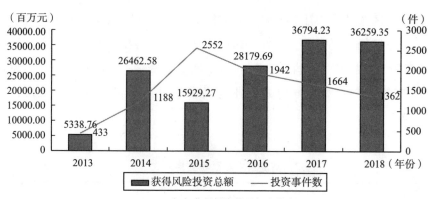

（a）获得投资情况年度分布

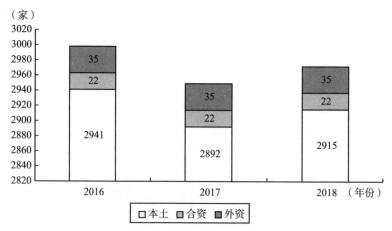

（b）投资人数量及资本类型年度分布

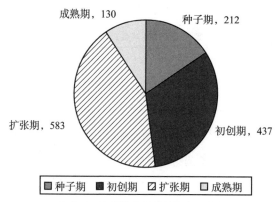

（c）2018年投资事件的投资阶段分布

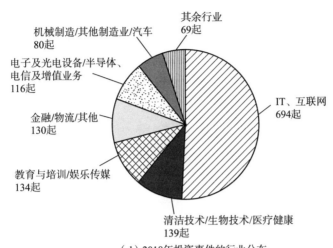

（d）2018年投资事件的行业分布

图 3.32　海淀区风险投资情况

资料来源：清科数据库。

（三）上市融资

海淀区作为高新科技企业的聚集区，积极引导企业通过全国股转系统，搭建企业融资平台、提高公司治理水平，支持并购重组实现跨越发展，截至 2016 年，海淀区三板挂牌公司 651 家，占北京市（1388 家）的 47%，占全国的 7%。[①]

四、科技金融服务体系

（一）众创空间和孵化器

海淀区率先建立"集中办公区—孵化器—加速器—产业园区"全链条服务模式。截至 2018 年，已形成了以 21 家大学科技园、93 家国家级专业化众创空间、105 家市级众创空间、148 家区级集中办公区为主体的创业服务载体，总孵化面积达 260 万平方米，涌现了引领全国的创客孵化、

---

① 丁磊：《海淀区成功举办海淀资本市场改革创新业务培训会》，载《重庆晚报》2016 年 11 月 11 日。

天使投资、创业社区、科技媒体、创业培训等典型孵化模式。①

（二）平台建设

作为中关村自主创新示范区的核心区，海淀区积极打造了企业综合服务服务平台、中小企业融资服务平台、创业服务对接平台、创业金融服务平台等一系列科技金融服务平台，见图3.33。

中关村海淀企业综合服务平台

提供企业设立、创业服务、扶持政策、资质认定、信用服务、知产管理、信息化服务等综合信息窗口

中小企业融资服务平台

"税银互动"试点工作，搭建政银企对接平台；
借力社会中介组织提供公共服务，围绕"6+1"战略新兴产业发展，为小微企业提供融资、育成孵化等各方面服务

创业服务对接平台

《海淀区激发科技创业活力支持办法》：围绕降低创业成本、提高创业成功率，政府将建立区域创业需求与创业服务资源有效对接的工作平台，打造创新型中小企业首选栖息地

中关村创业金融服务平台

成立中关村创业金融服务平台，解决银行业金融机构与中关村科技型企业信息不对称问题

平台

图3.33　海淀区平台建设情况

（三）科技保险公司探索

2017年11月，数字政通发布公告称拟出资设立"科创科技保险股份有限公司"，成立之初将重点推广已获国家保监会和科技部批准的15种科技保险。在开业两年内，将依托现有资源及中关村创新示范区内企业的资源优势，初步形成技术优势和品牌优势。开业五年内，通过互联网渠道和智能载体渠道的开拓，形成先进科技保险互联网业务的经营模式，达到中等保险公司规模，并形成稳定的公司盈利模式。

---

① 经济犯罪资讯　北京金融诈骗罪辩护律师：《海淀区五方面发力打造双创升级版　率先建设高水平双创示范基地》，大律师网，2018年9月19日。

第七节　房山区科技金融生态系统

　　房山区地处华北平原与太行山交界地带，是首都的西南门户。2016年，房山区实现地区生产总值（GDP）593亿元。[①] 房山区科技发展在全国科技创新中心中的定位为：高端资源聚合地、成果转化承载地、创新创业示范地。推动形成资源集聚力大、创新效率高、创业活力强、产出效益好的"创新特区"。重点依托中关村新兴产业前沿技术研究院、良乡高教园区等，积极承接各类高端创新资源和人才，进一步集聚优质科研、创新和高教资源，建设科教新城，努力成为首都建设国家科技创新中心的战略支点，带动高技术制造业和战略性新兴产业的发展，见图3.34。

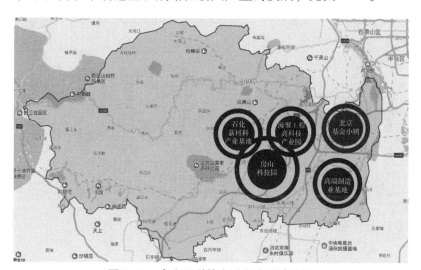

图3.34　房山区科技金融生态系统分布

资料来源：百度地图。

一、产业发展

　　2016年，房山区企业研发投入持续增加，达到3.89亿元。2017年，专

---

① 北京市统计局：《北京市区域统计年鉴－2018》，中国统计出版社2018年版。

利申请量达到 4495 件，专利授权量达到 1231 件；年技术合同成交额的绝对数值达到 3.66 亿元；规模以上企业工业总产值达到 1080 亿元，增长 16%。

截至 2016 年，全区国家级和中关村高新技术企业分别为 301 家、210 家，北京市企业技术中心 13 家。北京高端制造业基地步入科技研发创新引领新阶段，企业总数达到 19 家，投产企业达到 7 家。石化新材料基地建成投产项目达到 52 项，生态园区创建、绿色发展创新发展趋势和经济效益初步显现。

房山园构建了"双核五基地"的总体科技创新布局，（"双核"即长良、窦店两个城市组团，"五基地"即北京石化新材料科技产业基地、北京高端制造业基地、北京海聚工程高科技产业园、北京良乡高新技术产业东区及西区），主导产业是新型建材业、现代加工制造业和高新技术产业。房山区鼓励和支持新能源汽车、轨道交通、新材料、节能环保、生物医药及高性能医疗器械、工业互联网、生产性服务业等重点产业发展，见图 3.35。

图 3.35　房山区主导产业

二、科技资源

截至 2017 年，房山区有国家农业科技示范园 1 个，国家智慧城市试点 2 个。吸引各类高级人才累计 89 人，其中两院院士 14 人，千人计划专家 15 人，海聚工程专家 7 人。[1]

---

[1]　房山区统计局：《北京市房山区 2018 年国民经济和社会发展统计公报》，北京市房山区人民政府网，2019 年 5 月 16 日。

房山区的中国原子能科学研究院是我国核科学技术的发祥地和国防核科研、核能开发研究和核基础科研的创新基地。现有职工近3000人,其中高级科研与工程技术人员600多人、两院院士5人、博士生导师150人、硕士生导师200人、享受政府特殊津贴30多人、入选国家"百千万人才工程"6人。[①]

良乡高教园区目前有中国社会科学院研究生院、北京理工大学、北京工商大学、首都师范大学、北京中医药大学、北京经贸职业学院六所高校。房山区建设一批科技研发集聚区,以良乡高教园区为基础,以中关村新兴产业前沿技术研究院为引领,引进一批重点实验室、工程技术中心和企业技术中心,推动北京大学、清华大学、北京理工大学等一批高校和科研机构的重大应用科技成果孵化与产业化。重点打造一批创新服务集聚区,重点建设和引进科技孵化中心、中细软知识产权科技创新园、大学生创业园、创客空间载体、天使投资机构等;大力培育总部办公、金融服务、文化创意、科技成果转化服务、商务服务等新兴产业。

三、金融支持体系

(一)政府财税支持

为了引导社会资本的资金和管理优势,推动房山区投融资体制改革,促进区域经济和社会发展,房山区政府推出了众多符合产业发展方向的政策支持和资金支持,见表3.8。

表3.8   **房山区主要财税支持方式**

支持类型	具体措施	详情
补贴	房山区重大科技项目	对符合申报条件的项目补贴不超过100万元
	科技创新专项资金	主要用于提升科技创新能力,促进科技进步、科技成果转化、发明创造等方面的奖励或资助

[①] 《中国原子能科学研究院》,中国原子能科学研究院官网。

续表

支持类型	具体措施	详情
税收优惠		中关村"1＋6"；"新四条"等
引导基金	创业投资引导基金	总规模为人民币10亿元，重点支持符合房山区产业发展定位的高技术制造业和战略性新兴产业的前孵化项目和创新创业企业
	北京基金小镇	截至2017年9月，入驻375家金融公司，管理的资金规模超过8829亿元

资料来源：根据相关政府网站整理而得。

（二）创业投资

2018年，房山区企业获得33笔风险投资，总金额为137.84亿元，较2017年有所增长，增幅为65.51%。投资事件主要集中于IT、互联网和生物技术/医疗健康、娱乐传媒，其中IT行业最多，发生事件9起，占总投资事件数的27.27%。同时，房山区投资机构有248家、管理资本量约300亿元，见图3.36。

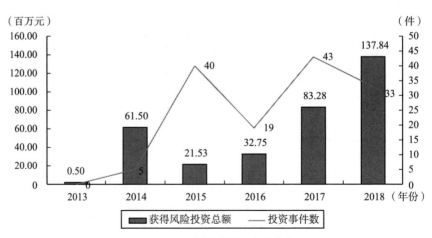

（a）获得投资情况年度分布

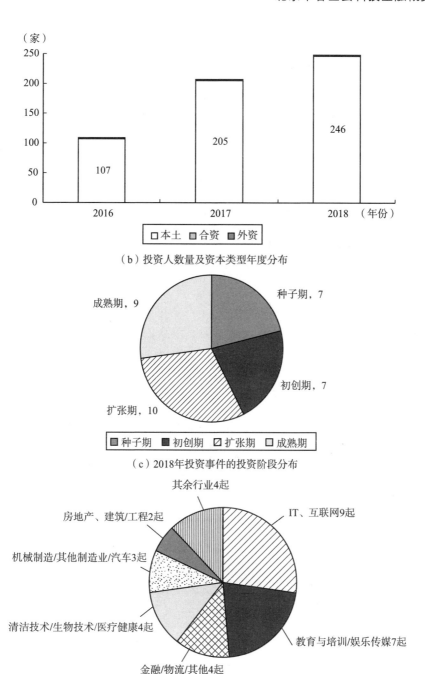

（b）投资人数量及资本类型年度分布

（c）2018年投资事件的投资阶段分布

（d）2018年投资事件的行业分布

图3.36 房山区风险投资情况

资料来源：清科数据库。

（三）上市融资及金融环境

截至 2017 年，房山区上市企业和新三板企业共 19 家，在四板挂牌企业 150 家。①

基金产业作为多层次资本市场的重要组成部分，为"大众创业、万众创新"提供强有力的支持。房山区投建的北京基金小镇将依托区位、政策、产业、规模、环境、人文、科技、品牌八大核心优势，吸引包括私募证券投资基金、私募股权投资基金、对冲基金、创业投资基金等相关的中介机构、金融机构以及辅助支持部门等机构入驻。

四、科技金融服务体系

（一）众创空间和孵化器

截至 2017 年，全区众创空间 22 家，获得国家级、市级、中关村授牌的众创空间 10 家，见图 3.37。其中国家级众创空间 5 家、北京市众创空间 6 家（含国家级 5 家）、海归人才创业园 2 家（含国家级 1 家）。全年新入驻双创企业 150 家（累计 1630 家）。②

图 3.37 房山区典型众创空间及孵化器

---

① 2018 年北京市房山区政府工作报告。
② 《扬鞭策马征程急 房山蝶变气象新——从改革开放 40 年看房山变化》，千龙网，2018年 12 月 18 日。

（二）平台建设

房山区搭建了金融平台、行政服务平台、科技平台、人才平台、众创空间平台、产业对接平台、基础设施建设平台、智慧园区信息服务平台八个发展建设平台，助推"大众创业，万众创新"。

第八节　通州区科技金融生态系统

通州区位于北京市东南部，京杭大运河北端，紧邻中央商务区。通州区作为北京城市副中心，主要定位为以高端新型智库和人力资源服务为重点的行政办公板块；以财富管理、科技金融、企业总部和专业服务机构为重点的高端商务板块；以文化旅游、数字创意、演艺与会展为重点的文化旅游板块和以智慧城市、创意设计和互联网安全为重点的科技创新板块。

中关村通州园包括光机电基地、金桥基地、经济开发区东区、西区等，规划面积 34.34 平方公里，除此之外，通州区还有永乐经济开发区和宋庄文化创意产业聚集区，见图 3.38。

一、产业发展

2012 年以来，通州区企业研发投入呈现增加趋势，到 2016 年，大中型企业研发投入达到 11.06 亿元，同比增长 13.9%。研发投入比同期明显上升，相应研发产出也大幅增加。2017 年，通州园发表科技论文 244 篇，比上一年增加 36.31%。专利授权量达 3453 项，比上一年增加 7.89%。2017 年全年通州区共签订各类技术合同 345 项；技术合同成交总额为 65.1 亿元，比上年增加 28.73%。[①]

---

① 北京市统计局：《北京市区域统计年鉴－2018》，中国统计出版社 2018 年版。

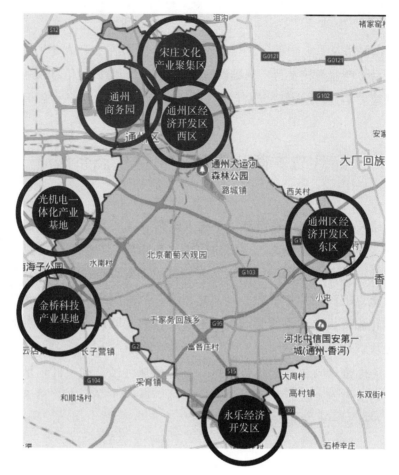

图 3.38　通州区科技金融生态系统分布

资料来源：百度地图。

　　截至 2018 年，通州园共有 411 家高新技术企业，124 家瞪羚企业。[1]
2013～2017 年，通州区高新技术企业总收入持续增加，到 2017 年，高新
技术企业总收入达到 991.5 亿元，高新技术企业出口额达到 3.7 亿美元。
2017 年，新产品销售收入达到了 160.49 亿元，同比增长 0.50%。[2]

---

　　① 通州区科学技术委员会：《关于转发〈关于组织开展 2018 年度高新技术企业年报填写工作的通知〉的通知》，北京市政府信息公开专栏，2019 年 4 月 3 日。

　　② 北京市统计局：《北京市区域统计年鉴－2018》，中国统计出版社 2018 年版。

通州区目前已经形成了以电子信息、高端生物制药、汽车制造、能源材料、文化创意、科技服务为主的产业结构。2016 年末，区内主营业务收入在 2000 万元以上的电子设备制造及信息技术服务企业 24 家，医药制造业企业 20 家，汽车制造企业 20 家，文化、体育和娱乐业企业 14 家，科学研究、技术服务企业 31 家，见图 3.39。

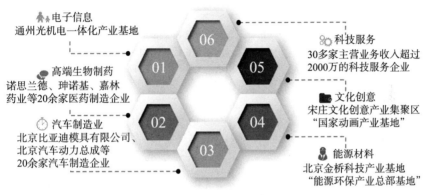

图 3.39　通州区主导产业

二、科技资源

通州区有北京工业大学分校区、北京物资学院等高校。由于近年来北京市城市副中心的不断建设，有不少高校在通州区建立了分校区，如中国人民大学。

截至 2017 年，通州区拥有研发人员 40893 人，同比增长 114.99%。[①] 截至 2018 年，通州区培育国家级知识产权优势企业 4 家、市级专利示范单位 9 家、专利试点单位 218 家。通州区有北京市成果转化项目 8 项、科技计划项目 81 项。

三、金融支持体系

（一）政府财税支持

为推动通州区投融资发展，促进区域经济和社会发展，引导社会资

---

① 北京市统计局：《北京市区域统计年鉴－2018》，中国统计出版社 2018 年版。

本对高新技术企业发展的支持，通州区政府根据自身情况，制定了众多有利于高新技术产业发展的财税政策，为企业提供了资金支持，见表3.9。

表3.9　　　　　　　　　　　通州区主要财税支持方式

支持类型	具体措施	详情
补贴	土地价格优惠	高新技术企业用于经认定的重大高新技术成果转化项目的新增用地、直接以出让方式取得的用于高新技术成果转化项目的高新技术企业用地，免收土地使用权出让金，城市基础设施"四源费"，减半征收市政公用设施建设费
减税、贴息	高新技术企业减税	经营期在10年以上的生产性高新技术企业（以领取高新技术企业证书为准），企业所得税享受二免六减半优惠政策
	高新技术成果转换项目减税	经认定的高新技术成果转化项目，自认定之日起三年内，所缴纳营业税、企业所得税、增值税的地方收入部分，由财政安排专项资金支持，之后两年减半支持；经认定的重大高新技术成果转化项目，自认定之日起五年内上缴的营业税、企业所得税、增值税地方收入部分，由财政安排专项资金支持，之后三年减半支持
	贷款贴息	管委会认定，符合园区重点扶持的高新技术企业，建设期间所发生的贷款，政府给予贷款贴息补贴；按照建设期间实际发生的贷款补贴贷款利率1.5个百分点至项目正式达产，贴息时间最多不超过三年

资料来源：根据相关政府网站整理而得。

（二）科技贷款

通州区科技贷款主要有知识产权质押贷款、专利质押融资贷款两种。为持续深化企业金融服务，解决中小微科技型企业融资难问题，见图3.40。通州区开展金融产品、科技政策对接服务活动。通州区科委人员详细解读专利质押贷款贴息政策、6家金融机构代表分别进行了金融产品宣讲。

图3.40 通州区科技贷款形式

（三）创业投资

2018年，通州区投资事件共11件，较上一年下降了19起。从阶段分布来看，主要集中于企业初创期、扩张期、成熟期。从行业分布来看，金融和IT/互联网较多，分别为4起和3起。2018年，通州区创业投资机构数量为129家，本土机构125家，见图3.41，截至2018年末，投资机构管理资本量共104.88亿元。

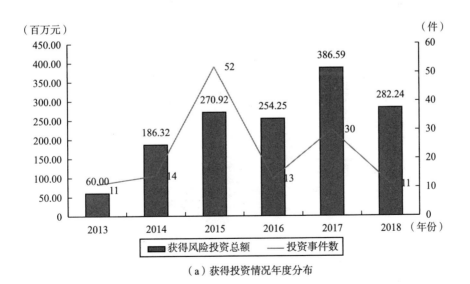

（a）获得投资情况年度分布

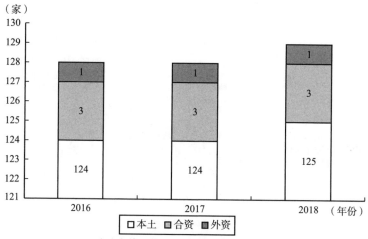

（b）投资人数量及资本类型年度分布

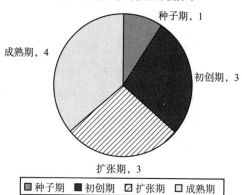

（c）2018年投资事件的投资阶段分布

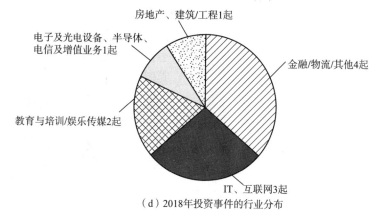

（d）2018年投资事件的行业分布

图 3.41　通州区风险投资情况

资料来源：清科数据库。

四、科技金融服务体系

（一）众创空间和孵化器

为促进科技成果转化，通州区建立了区级社会组织孵化基地，截至2016年，备案孵化组织达到682家。2016年，北京方和正圆科技企业孵化器有限公司的"方和正圆"和英特华云（北京）电子商务股份有限公司的"英特华云全境电商空间"入选第三批北京市众创空间；通州国际种业科技有限公司等7家企业入选2016年中关村科技型企业创业孵化集聚区。

通州区有多家众创空间，为创业者提供各种资源。2016年，通州区科委组织11家众创空间申报市级众创空间资质认定，2家众创空间获得市级资质认定，方和正园众创空间获得国家级资质认定。同时也组织开展区级众创空间评选，评选区级众创空间9家、重点培育众创空间5家。

（二）平台建设

通州区积极开展企业服务、融资服务、法律服务、创业服务对接等平台建设，并取得了丰富的成果，见图3.42。

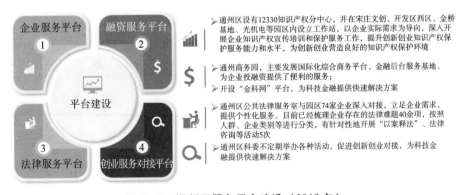

图 3.42　通州区服务平台建设（2018 年）

第九节　顺义区科技金融生态系统

顺义区是北京市城市发展新区的重要组成，作为北京市东北部发展带的重要节点、重点发展新城之一，是首都国际航空中心核心区，是服务全国、面向世界的临空产业中心和现代制造业基地，"十二五"时期将建设成为北京市东北部面向区域、具有核心辐射带动作用的现代化综合新城。2017 年实现地区生产总值（GDP）1715.9 亿元，三次产业结构为 1.07：37.46：61.47。[1]

顺义区有北京天竺保税区、北京临空经济核心区、中关村科技园区顺义园、北京顺义绿色生态产业功能区四个主要支柱产业园区，见图 3.43。

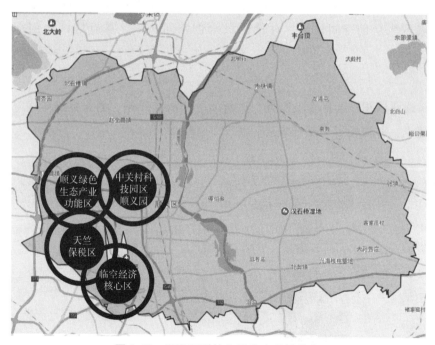

图 3.43　顺义区科技金融生态系统分布

资料来源：百度地图。

---

① 北京市统计局：《北京市区域统计年鉴 – 2018》，中国统计出版社 2018 年版。

一、产业发展

2016 年，顺义区企业研发投入为 25.45 亿元，比 2015 年有所下降（27.5%）；科技活动人员数达 12207 人；研发机构 54 家；专利申请量与授权量分别为 5584 件和 3739 件，比上年增长 41.3% 和 41.1%；技术合同成交总额为 13.0 亿元，比上年增长 27.5%。2017 年，顺义区工业总产值为 583.3 亿元，总收入为 1256.0 亿元，其中技术收入为 174.4 亿元，新产品销售收入为 300.1 亿元。[①]

顺义区承担的全国科技创新中心建设 3 项重点任务和 8 个重点项目进展顺利。创新型产业集群和"2025"示范区建设全面展开，启动起步区规划研究，明确重点聚焦发展智能新能源汽车、第三代半导体、航空航天三大创新型产业集群，见图 3.44。

北汽15万辆新能源汽车产能；
国家智能网联汽车创新中心；
宝马北京研发中心；
20多个重点项目落户；
2个半开放无人驾驶测试点；
25平方公里无人驾驶测试区建设

中国电子科技集团十三所、平湖波科等优质项目顺利入驻，总投资额超100亿元

中航发高温合金涡轮叶片示范线等尖端项目先后落地；
哈工大顺义军民融合创新产业园启动，首批引进哈工大最具影响力的10个创新平台及10余家企业

01 智能新能源汽车产业　　02 第三代半导体产业　　03 航空航天产业

图 3.44　顺义区支柱产业

二、科技资源

中关村顺义园创新科研气氛浓郁。园区内拥有智能新能源汽车生态产

---

① 北京市统计局：《北京市区域统计年鉴 – 2018》，中国统计出版社 2018 年版。

业示范区、第三代半导体材料及应用联合创新基地、航天 502 所信息技术产业基地、中关村医学工程健康产业化基地等科研创新基地。

三、金融支持体系

（一）政府财税支持

为充分引导资本参与高新技术产业的建设，促进区域经济和社会发展，顺义区政府在补贴、税收等多方面都对高新技术企业提供了政策支持，见表 3.10。

表 3.10　　　　　　　　　顺义区主要财税支持方式

支持类型	具体措施	详情
补贴	《顺义区加快科技创新促进科技成果转化实施细则》	对获得国家科学技术奖和北京市科学技术奖奖项的，按照相应奖金标准的 50% 给予支持
		从事自然科学及科学技术相关领域的技术开发、产品开发、工艺开发以及有关技术服务的研发机构，按评级、国家级给予 200 万元支持，市级给予 50 万元支持
		世界 500 强企业的中国研发中心，择优给予最高 200 万元支持
		外迁入和首次获得国家高新技术企业，给予 30 万元支持
		再次申请并取得国家高新技术企业证书的企业，给予 10 万元支持
		对行业专业活动，按照实际发生活动费用的 70% 择优给予支持……
	技术引进	不超过设备购置、房租、研发投入等企业实际费用支出 30% 的比例，给予最高不超过 500 万元的资金支持
		对新技术、新产品给予保险费补贴支持
减税贴息		《关于中关村国家自主创新示范区有限合伙制创业投资企业法人合伙人企业所得税试点政策的通知》： 有限合伙制创业投资企业采取股权投资方式投资于未上市的中小高新技术企业满 2 年的，其法人合伙人可按照对未上市中小高新技术企业投资额的 70% 抵扣该法人合伙人从该有限合伙制创业投资企业分得的应纳税所得额，当年不足抵扣的，可以在以后纳税年度结转抵扣

续表

支持类型	具体措施	详情
引导基金	政府引导基金	中央企业国创投资引导基金： 重点投向：新一代信息技术、新能源、新能源汽车、高铁装备、先进电网装备等战略性新兴领域以及航天、船舶等军民融合产业
		基金募集总规模 1500 亿元，目前已确定意向出资总额 1139 亿元
	产业基金	全区已有以国开金融基金、中交基金、中铝基金、国开投基金等为代表的近 80 家、总额达 4000 亿元的产业基金

资料来源：根据相关政府网站整理而得。

（二）科技贷款

顺义区与北京银行、中国银行等投贷联动试点银行积极沟通，鼓励其在中关村顺义园开展投贷联动业务投资。

（三）创业投资

2018 年，顺义区共有 26 起投资事件，获得的风险投资金额为 11.07亿元。投资于扩张期 13 起，投资于 IT/互联网 11 起。2018 年，位于顺义区的投资机构共 176 家，见图 3.45，大部分为本土投资，共管理约 7.79亿元资金。

（a）获得投资情况年度分布

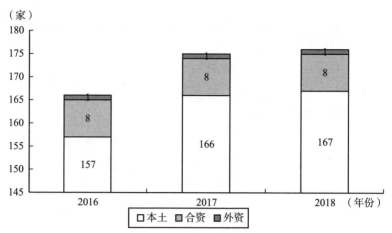

（b）投资人数量及资本类型年度分布

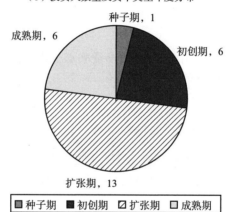

（c）2018年投资事件的投资阶段分布

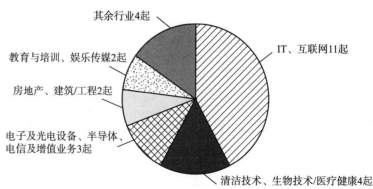

（d）2018年投资事件的行业分布

图3.45　顺义区风险投资情况

资料来源：清科数据库。

（四）上市融资

截至 2018 年 11 月，顺义区上市挂牌企业突破 80 家，上市储备资源近百家，正加速形成以高端制造、第三代半导体、军民融合、生物医药等战略新兴产业为核心的行业上市板块。上市企业累计直接融资 1640 亿元，资本市场对实体经济的支持带动作用持续加强。[①]

四、科技金融服务体系

（一）众创空间和孵化器

2015 年，顺义区已有孵化器 5 个，孵化面积为 3.9 万平方米，已成功孵化企业 120 余家。2018 年第五批北京市众创空间拟备案挂牌名单中有 3 家来自顺义区。

（二）服务平台

中关村顺义园为更好地服务创业企业，搭建了"139"特色服务模式，包括一个中心、三个服务平台和九个重点服务领域，见表 3.11。

表 3.11 顺义园特色"139"创新服务模式

一个中心	创新服务中心是中关村顺义园搭建科技创新创业服务体系的示范窗口
三个服务平台	开发建设平台——反应器：承接科技创新平台成果的反应器，充分利用资本运营平台提供的低成本资金，为企业提供高水平的基础设施和公共服务
	科技创新平台——孵化器：培育项目的孵化器，通过向开发建设平台输出核心技术项目，打造战略性新兴产业和高端科技成果转化聚集区；通过向资本运营平台输出高成长项目，以股权投资等形式，实现资本扩张
	资本运营平台——加速器：投资项目的加速器，借助资本纽带，通过资本杠杆撬动社会资金对创新创业项目进行投资，推进科技创新平台优势项目迅速产生效益
九个重点服务领域	科技服务、金融服务、信息服务、人才服务、咨询服务、法律服务、公共平台服务、知识产权服务、物业地产服务

---

① 池梦蕊：《顺义亮相 2018 北京金博会　打造三大新兴金融发展平台》，人民网北京频道，2018 年 11 月 1 日。

第十节 昌平区科技金融生态系统

2017 年全年昌平区实现地区生产总值 7534 亿元，比上年增长 7.1%。中关村科技园区昌平园是中关村国家自主创新示范区核心区的重要组成部分。昌平园规划总面积为 51.4 平方公里，空间规模位列中关村示范区"一区十六园"第三位，包括昌平园中心区、未来科技城、北京科技商务区（TBD）、中关村生命科学园、国家工程技术创新示范基地等重点功能区及马池口工业园、流村工业园、阳坊工业园等产业园，见图 3.46。

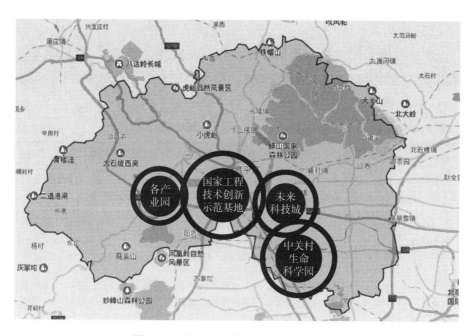

图 3.46　昌平区科技金融生态系统分布

资料来源：百度地图。

一、产业发展

2016 年，昌平区企业研发投入达 61.27 亿元，专利申请 11732 件，

授权 5955 件。技术市场合同成交额为 11.05 亿元，技术市场成交 1278
笔，单个合同金额呈上升趋势。[①]

2017 年，昌平园工业总产值为 1047.4 亿元，其中新产品销售收入达
450.9 亿元。昌平园以中心区、未来科学城、北京科技商务区（TBD）、
中关村生命科学园、国家工程技术创新基地、三一产业园六大产业基地为
支撑，形成了能源环保、生物医药、信息技术、智能制造、新材料五大支
柱产业。科技型中小企业达到 3250 家，2018 年，入园企业总数达 4318
家，高新企业数量突破 1200 家，见图 3.47。

能源环保：
聚集的企业多达500家，既包括神华集团、中石油、中国核电等
企业的下属二三级公司，中海阳、中信国安等

生物医药：
中粮集团、新时代健康产业集团、瑞士诺华制药等；
万泰生物、博奥生物、百济神州等；
北京生命科学研究所、蛋白质药物国家工程研究中心、生物芯片
国家工程研究中心等科研机构

信息技术：
中国移动国际信息港及其云计算中心、中国电信北京科技创新
中心及云计算中心等

智能制造：
北汽福田产业基地、三一产业园、北京通用航空产业园

新材料：
北京康得新光电材料有限公司、华电泰锐等

图 3.47　昌平园支柱产业分布

二、科技资源

昌平园智力资源丰富，汇聚了中国石油大学、北京化工大学等 20 余
所高等院校和以能源科技、生命科学为代表的 60 余家科研机构，主要围
绕新型能源、高端现代制造、生物医药三大支撑产业组织建设，发展重要
行业的技术创新基地、科技成果孵化与产业化基地、创新型人才培养基
地，形成国家级工程技术研发中心和国家级企业研发中心集群。

创新创业活力不断提升，拥有博士后工作站 21 家，在研项目 20 余
项；院士专家服务中心 1 家，院士专家工作站 4 家，引进 8 位院士开展科

[①]　北京市统计局：《北京市区域统计年鉴 – 2018》，中国统计出版社 2018 年版。

技项目合作，使成果尽快实现产业化；各类孵化机构近 30 家，其中国家级科技企业孵化器 4 家、市级科技企业孵化器 4 家。园区企业可享受国家、北京市、中关村示范区的各类优惠政策。昌平区有中国政法大学、中国石油大学等 4 所高校和中央财经大学、北京航空航天大学、北京邮电大学、外交学院等 10 所高校的分校区；有 24 个国家级科研机构，36 个国家重点实验室，102 个国家和市级企业技术中心。有 4 万多名科技从业人员，其中"千人计划"专家 210 名、北京市"海聚工程"专家 53 名、"高创计划"专家 9 名、中关村"高聚工程"专家 13 名、科技工作者 4万余名。35% 的常住人口具有大专以上学历。

三、金融支持体系

（一）政府财税支持

为了进一步促进企业的创新发展，进一步释放创新红利，激发创业活力，昌平区政府依托中关村昌平园和高教园中的众多高校，构建中关村昌平科技园完善的创新创业服务体系，为企业的发展保驾护航，见表 3.12。

表 3.12 　　　　　　　　　　 昌平区主要财税支持方式

支持类型	具体措施	详情
补贴	租房补贴	《昌平区小微企业房租补助暂行办法》：房租补助重点支持节能环保、医药健康、智能装备和科技服务等产业领域的小微企业
	上市补贴	境外资本市场上市成功——200 万元
		代办股份报价转让系统（新三板）挂牌——50 万元资金支持
	技术引进	不超过设备购置、房租、研发投入等企业实际费用支出 30% 的比例，给予最高不超过 500 万元的资金支持
		对新技术、新产品给予保险费补贴支持
减税贴息		对于"双创"小微企业、高新技术企业，北京市政府减免企业所得税
		2016 年昌平园减免税总额 29.6 亿元，比上一年增加 5.49%
引导基金		《昌平区创业创新基金管理办法》：北京昌平中小微企业双创发展基金重点投资天使期、初创期和早期的创业创新型中小微企业

资料来源：根据相关政府网站整理而得。

（二）创业投资

2018 年，昌平区共有 57 起投资事件，获得的风险投资金额为 2738.21
百万元。投资于初创期事件最多（40.35%），投资行业主要分布在 IT/互
联网（50.88%）和清洁技术/生物技术/医疗健康（22.81%）行业。
2018 年，位于昌平区的投资机构共 183 家，大部分为本土投资，共管理
约 5 亿元资金，见图 3.48。

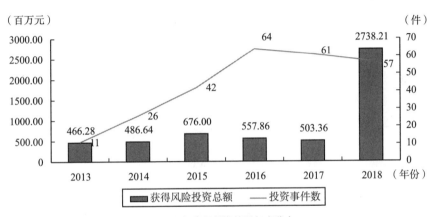

（a）获得投资情况年度分布

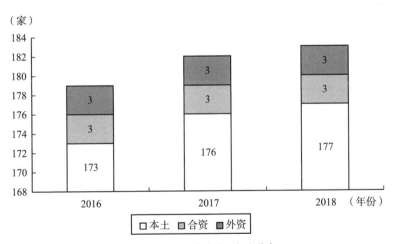

（b）投资人数量及资本类型年度分布

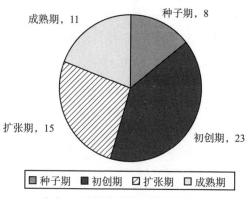

（c）2018年投资事件的投资阶段分布

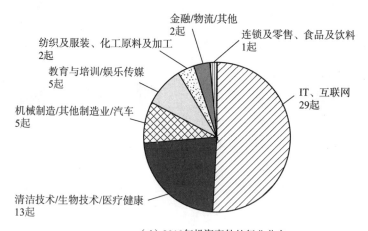

（d）2018年投资事件的行业分布

图 3.48　昌平区风险投资情况

资料来源：清科数据库。

（三）上市融资

截至 2018 年，昌平园上市企业 19 家，新三板挂牌企业 61 家。见表 3.13。

表 3.13　　　　　　　　　　　昌平区上市公司一览

序号	企业名称	上市时间	上市地点
1	北汽福田汽车股份有限公司	1998 年 5 月 11 日	上海证券交易所
2	中国软件与技术服务股份有限公司	2002 年 5 月 17 日	上海证券交易所

续表

序号	企业名称	上市时间	上市地点
3	赛迪顾问股份有限公司	2002 年 12 月 12 日	中国香港创业板
4	三一重工股份有限公司	2003 年 7 月 3 日	上海证券交易所
5	北京慧聪国际资讯有限公司	2003 年 12 月 17 日	中国香港主板
6	北京汉铭信通科技有限公司	2004 年 11 月 18 日	新加坡主板
7	中生北控生物科技股份有限公司	2006 年 2 月 27 日	香港创业板
8	北京探路者户外用品股份有限公司	2009 年 10 月 30 日	深交所创业板
9	乐普（北京）医疗器械股份有限公司	2009 年 10 月 30 日	深交所创业板
10	北京德海尔医疗技术有限公司	2010 年 4 月 22 日	美国纳斯达克
11	北京利尔高温材料股份有限公司	2010 年 4 月 23 日	深交所中小板
12	二六三网络通信股份有限公司	2010 年 9 月 8 日	深交所中小板
13	北京雪迪龙科技股份有限公司	2012 年 3 月 9 日	深交所中小板
14	北京博晖创新光电技术股份有限公司	2012 年 5 月 23 日	深交所创业板
15	北京博新精仪科技发展有限公司	2012 年 11 月 20 日	德交所初级市场
16	北京诚益通控制工程科技股份有限公司	2015 年 3 月 19 日	深交所创业板
17	百济神州（北京）生物科技有限公司	2016 年 2 月 4 日	美国纳斯达克
18	北京新雷能科技股份有限公司	2017 年 1 月 13 日	深交所创业板
19	京爱康宜诚医疗器材有限公司	2017 年 12 月 20 日	中国香港主板

四、科技金融服务体系

（一）众创空间和孵化器

按照国家关于大力推进"双创"工作的战略部署，昌平区于 2015 年启动了全国小微企业创业创新基地示范城市创建工作，目前，累计建成各类双创空间 220 万平方米，2018 年新增 60 万平方米，新增国家级双创载体 1 家、市级 13 家、区级 13 家。2010～2019 年 1 月园区入驻的孵化公司 19 家。

（二）平台建设

昌平区通过企业服务平台、信息服务平台和融资服务平台来丰富和完善园区的科技金融服务平台，见图 3.49。

中关村科技园区昌平园科学技术协会
• 为园区科技成果的转化提供资金支持；
• 开展科技交流活动；
• "2018旅美科协医药健康创新路演活动"

政府服务改进
• "9+N"政策；
• 推出缴纳税费最多跑一次和一次不用跑清单

融资促进手段
• 小微企业信贷业务奖励政策；
• 推动银行业金融机构知识产权、应收账款等质押融资业务

图 3.49　昌平区服务平台建设

第十一节　大兴区科技金融生态系统

大兴区位于北京市南部，北京经济技术开发区位于大兴区，成立于1992 年。1999 年 6 月，经国务院批准，北京经济技术开发区范围内的七平方公里被确定为中关村科技园区亦庄科技园。2012 年 10 月，国务院批复调整中关村国家自主创新示范区空间布局，大兴 – 亦庄园成立，规划占地面积 9827.07 公顷，包括大兴生物医药产业基地、大兴经济开发区等区域，见图 3.50。

一、产业发展

2012 年以来，大兴区企业研发投入持续增加，到 2017 年研发经费支出达到 13.24 亿元，同比增长 52.18%。研发投入比同期明显上升，相应研发产出也大幅增加。2017 年，大兴区专利授权量达 5830 项，比上年增加 3.98%。2012 年以来，亦庄园企业累计转化各类专利技术约 4 万件，专利转化率达到 90% 以上，研制出国际领先、填补空白的新产品超过 240种。2017 年，共签订各类技术合同 2545 项，比上年减少 2.6%；技术合同成交总额为 200.52 亿元，比上年增加 124.05%。[①]

---

① 北京市统计局：《北京市区域统计年鉴 – 2018》，中国统计出版社 2018 年版。

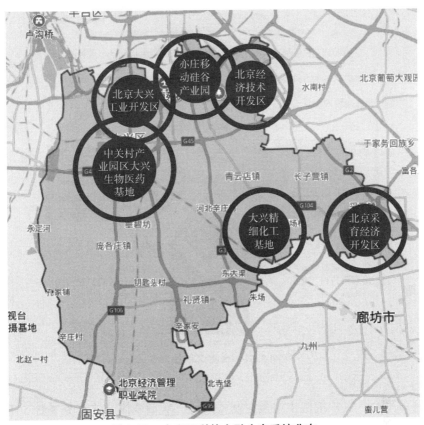

图 3.50 大兴区科技金融生态系统分布

资料来源：百度地图。

大兴—亦庄园作为国家级经济技术开发区，形成了以新一代电子信息、生物工程与新医药、先进装备制造以及汽车及交通设备四大产业为主导的高新技术产业，见图 3.51。入驻企业多达两万多家，包括奔驰、通用电气（GE）、拜耳、ABB、京东等 80 多家世界五百强企业。

二、科技资源

大兴亦庄园有 1367 家高新技术企业，112 间科学研究和技术服务企业。为促进企业的发展，企业设有各种研究平台，如电子信息企业的电子信息产品标准化研究与测试平台、移动通信产品测试平台，生物工程与新医药企业的药物筛选和药物非临床安全性评价平台、原核细胞重组蛋白药

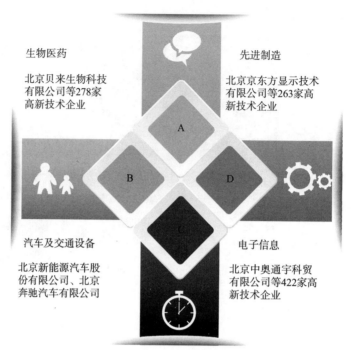

图 3.51 大兴区主导产业

物制备平台、真核细胞重组蛋白制备平台、病毒载体公共服务平台、生物信息学平台、新型药物制剂的研发平台等。

三、金融支持体系

（一）政府财税支持

为进一步贯彻落实党中央、国务院关于激励企业创新的指示精神，进一步释放创新红利，激发创业活力，建设大兴区高新技术开发区，大兴区政府在企业的租金优惠、税收减免、政府补贴等方面对企业进行了全方位的帮助，见表 3.14。

表 3.14　　　　　　　大兴区主要财税支持方式

支持类型	具体措施	详情
补贴	租金优惠	给予企业厂房租金优惠政策
	房租优惠	对企业高层次技术人才提供公租房

续表

支持类型	具体措施	详情
减税	高新技术减税	2017年，223户企业享受了高新优惠政策，减免税额10.97亿元
	研发费用减税	2017年，36户企业享受了研发费用加计扣除优惠政策，减免税额4亿元，有效降低了企业研发成本
	小微企业减税	2017年，2995户小微企业享受了优惠政策，减免税额1064万元，大力提振了初创企业的创业热情
引导基金	科技股权投资基金	遵循"政府出资、市场运作、非营利性、参股不控股、适时保本退出"的原则，重点投资于符合开发区定位和相关产业政策、产业投资导向的科技型、创新型企业

资料来源：根据相关政府网站整理而得。

（二）科技贷款

大兴—亦庄园内中小企业众多，为了能够进一步支持民营企业发展，民生银行推出了"民生云快贷""民生京快贷"等抵押贷款产品，主要针对申请人名下独有或与他人共有住宅类房产的小微企业客户；招商银行推出了"银担通"，为小微企业设置专属的审批通道，快速审批；交通银行针对500万元以下的融资需求用户，通过个人经营贷、快捷抵押贷、线上税融通、线上优贷通等，结合线上产品的便捷申请渠道，以及通过"绿色通道"授信政策，广泛运用担保公司的合作优势，统筹建立"高效率、简材料、低成本"的企业客户快速融资金融服务体系；北京银行从成立之初就确立了"服务地方经济、服务中小企业、服务市民百姓"的战略定位，把服务民营企业、小微企业发展作为立行之本、发展之源，见图3.52。

（三）创业投资

2018年，大兴区风险投资金额为1186.97百万元，较2017年有所下降，投资事件共77件，较上一年下降了8件。从投资事件的阶段分布来看，主要集中于企业扩张期，占比50%以上。从投资事件的行业分布来看，主要集中于IT/互联网（36.36%）和电子及光电设备/半导体/电信

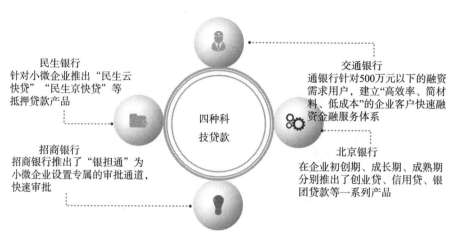

图 3.52　大兴区科技贷款形式

及增值业务（28.57%）。2018 年，大兴区创业投资机构数量为 177 家，本土机构数量为 171 家，近三年来数量小幅增加，见图 3.53，截至 2018 年末，大兴区投资机构管理资本量为 767.63 亿元。

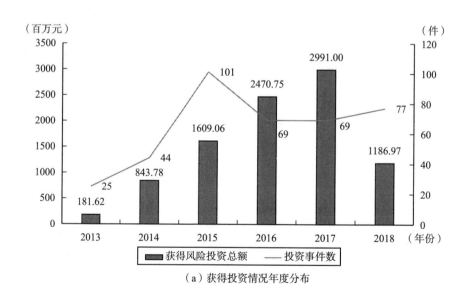

（a）获得投资情况年度分布

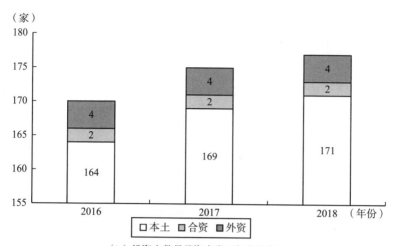

（b）投资人数量及资本类型年度分布

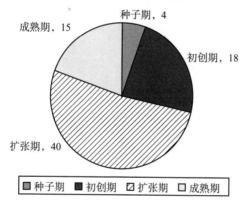

（c）2018年投资事件的投资阶段分布

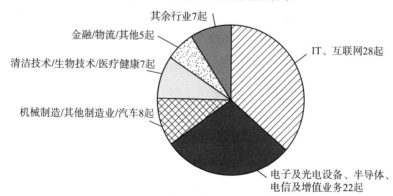

（d）2018年投资事件的行业分布

图3.53 大兴区风险投资情况

资料来源：清科数据库。

四、科技金融服务体系

大兴区科技金融服务体系表现在众创空间和孵化器、企业服务平台、创新创业对接平台等方面，见图3.54。

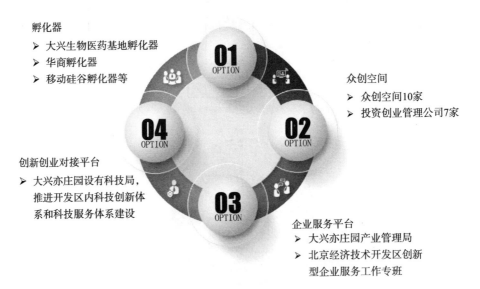

孵化器
- ➤ 大兴生物医药基地孵化器
- ➤ 华商孵化器
- ➤ 移动硅谷孵化器等

众创空间
- ➤ 众创空间10家
- ➤ 投资创业管理公司7家

创新创业对接平台
- ➤ 大兴亦庄园设有科技局，推进开发区内科技创新体系和科技服务体系建设

企业服务平台
- ➤ 大兴亦庄园产业管理局
- ➤ 北京经济技术开发区创新型企业服务工作专班

图3.54 大兴区金融服务体系

（一）众创空间和孵化器

亦庄生物医药园设有大兴生物医药基地孵化器，是生物医药基地自主开发建设的首个专业孵化器，由北京联港高科置业有限公司负责建设和运营孵化中心，旨在实现园区开发模式转型，增强园区盈利能力和造血能力。将依托新区政府资源和园区产业集聚优势，充分利用北京市发展现代服务业的契机，将生物医药基地孵化器打造成为一个立足首都、辐射全国，具有现代化产业孵化空间和科学化产业服务理念的一流示范性项目。

大兴亦庄园有数十家孵化公司入驻，如汇龙森国际企业孵化（北京）有限公司、华商孵化器、移动硅谷孵化器等。其中，汇龙森投融资平台与IDG、达晨创投、启明创投、长江成长资本等20余家知名创投机构建立战略合作关系，为企业提供综合型金融中介服务。园区有众创空间近 10 家，投资创业管理公司 7 家，为科技创新成果的转化提供资金。

（二）企业服务平台

为进一步支持创新型企业在北京经济技术开发区内发展，帮助企业解决实际问题，优化企业发展营商环境，深入推进全国科技创新中心建设，经北京经济技术开发区管委会同意，组建北京经济技术开发区创新型企业服务工作专班，统筹部署经开发区创新型企业服务工作，协调解决企业发展重点难点问题。专班成员包括发改局、投促局、企服局、科技局、财政局、人劳局、房地局、环保局、税务局、工商分局等部门。

大兴亦庄园设有产业管理局，负责制订开发区招商引资、产业促进具体办法并组织实施；按照规定权限，负责开发区内非政府投资项目的审核报批；按照规定权限，负责开发区内申请设立外商投资企业的审核报批；负责入区项目与相关部门的协调工作；负责入区企业的协调、联络工作；负责开发区内企业综合情况的分析工作。

（三）创业服务对接平台

大兴亦庄园设有科技局，负责组织编制开发区科技发展中长期规划和年度计划并组织实施，推进开发区内科技创新体系和科技服务体系建设；负责开发区内高新技术产业化工作，推动科技成果转化和应用技术的开发与推广；负责开发区内高新技术企业的认定工作；负责开发区内技术市场管理及科技奖励、科技保密工作；负责开发区内知识产权保护工作；负责开发区科协的日常工作。

第十二节　门头沟区科技金融生态系统

石龙经济开发区（中关村门头沟科技园）于 1992 年 1 月经北京市政府批准设立，2000 年升级为北京市级开发区，2012 年纳入中关村国家自主创新示范区，见图 3.55。截至 2018 年 3 月，开发区拥有驻地企业 100 多家，注册企业 19000 余家。

图 3.55　门头沟区科技金融生态系统分布

资料来源：百度地图。

一、产业发展

门头沟园围绕北京建设全国科技创新中心的功能定位，园区与中关村核心区紧密融合，形成创新创业发展带，明确了互联网、智能制造、医药健康、节能环保"一主三辅"的主导产业。

2010～2014 年，门头沟区科技财政拨款不断增加，2015 年、2016 年减少。研发经费支出波动较大。2017 年，门头沟区全区科技经费筹集总额 2069.5 万元，科技经费支出总额 1982 万元。科技活动人员整体呈下降趋势，研发机构数在 2015 年比前三年增长近两倍，2016 年又回落至之前水平。2017 年，全区组织各级科技项目 15 个，其中区级科技计划项目 9 项，市级科技计划项目 6 项；培训农村实用人才 340 人次；申请专利 755 项，比上年增加 25%；授予专利 378 项，比上年增加 13.2%。2017 年，门头沟区技术合同成交金额为 1.5 亿元；认定高新技术企业 104 家，比上年增加 41 家。①

---

① 北京市统计局：《北京市区域统计年鉴－2018》，中国统计出版社 2018 年版。

二、科技资源

截至 2016 年，门头沟区有北京华谷减振器设备有限公司和北京和众视野科技有限公司 2 家北京市专利试点培育单位。

三、金融支持体系

（一）政府财税支持

为进一步贯彻落实党中央、国务院关于激励大众创业、万众创新的指示精神，进一步释放创新红利，激发创业活力，构建中关村门头沟科技园完善的创新创业服务体系，2015 年 9 月 18 日，北京市门头沟区人民政府发布了《中关村门头沟科技园促进创新创业和产业发展专项资金管理暂行办法》（即"门创 30 条"），制定了一系列资金支持计划，包括优秀人才企业支持资金、中小创新创业企业及总部企业支持资金、创业服务支持资金、创业投资支持资金，由区财政专项资金提供。

小微企业普遍资金短缺难题：园区除补贴三年房租 40%、补贴宽带资费 50% 外，还设立了科技研发补助，重大科技研发项目可最高申请补助额 300 万元，企业成功上市融资的，还可获得最高 200 万元的一次性补助。

支持优秀人才到门头沟园创办企业：对于 2015 年 8 月 1 日以后到门头沟园进行工商注册、税务登记且在门头沟园实体经营一年以上的优秀人才企业，实收注册资本金 50 万元以上 100 万元以下的，可给予不超过 10 万元一次性启动资金支持；实收注册资本金 100 万元以上 1000 万以下的，可给予不超过 20 万元一次性启动资金支持；实收注册资本金在 1000 万元及以上的，由国际知名科技人才、创业人才创办，拥有较多的专利技术或者已获得社会投资机构创业投资的，可根据创业项目情况给予 30 万 ~200 万元一次性启动资金支持。

对优秀人才企业提供房租补贴：按照优秀人才企业办公场所实际发生的房租费用，对其自注册之日起连续三年房租的 50% 进行补贴，每年房租补贴总额原则上不高于 50 万元，创新业绩特别突出的可适当提高。

（二）创业投资

2018 年，门头沟区企业获得风险投资 120 百万元。各年度投资事件整体呈现上升趋势。投资机构数量在 2017 年略有上升，2018 年与 2017 年持平。从投资人类型看，以本土投资为主，合资和外资投资人各只有 1 家。投资事件阶段分布均衡，扩张期相对较多。从投资事件的行业分布来看，教育与培训/娱乐传媒、IT/互联网、机械制造/其他制造业/汽车行业占比最大，三个行业合计占总投资事件数的 75%，见图 3.56。

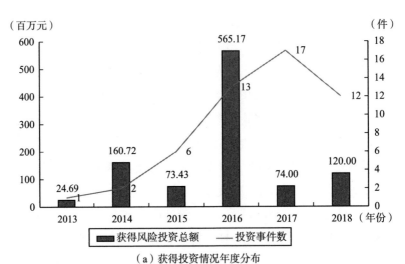

（a）获得投资情况年度分布

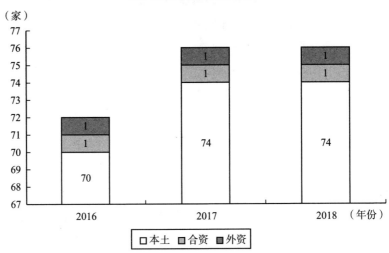

（b）投资人数量及资本类型年度分布

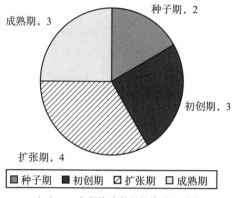

（c）2018年投资事件的投资阶段分布

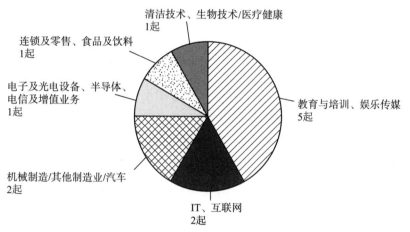

（d）2018年投资事件的行业分布

图3.56　门头沟区风险投资情况

资料来源：清科数据库。

（三）多层次资本市场

2016年，门头沟金融机构贷款余额134.58亿元，实际利用外资1004万美元，金融机构存款余额669.61亿元，其中非个人存款占56.8%。

2018年1月，《中关村门头沟科技园　促进创新创业和产业发展专项资金管理暂行办法》支持创新创业企业上市融资，具体支持金额为：对全国中小企业股份转让系统挂牌的创新创业企业，给予不超过60万元的一次性补助。对向中国证监会提交首次公开发行、上市申请并取得《中国证监会行政许可申请受理通知书》的企业，给予不超过 200 万元的一次性补助。对与券商签订有关上市协议，且其有关申请已被境外证券交易所受理的企业，给予不超过 200 万元的一次性补助。

四、科技金融服务体系

（一）众创空间和孵化器

较有代表性的孵化器有东方博特大厦、利德衡、洪源广业、三聚大厦、华悦大厦、德山大厦。

2015 年底，中关村门头沟科技园"京西创客工场"揭牌，成为投资创业新的聚集地。"京西创客工场"集合了创客社交、生活服务、孵化服务等功能，可为初创企业提供从公司注册、培训辅导、政策保障、金融支持等全流程服务，是开放便捷、低成本的创业服务平台。

（二）政策支持

2016 年、2017 年相继发布了《北京市中小企业公共服务示范平台管理办法》《中关村门头沟科技园人才公寓管理暂行办法》《中关村门头沟科技园优秀人才企业认定管理办法》《中关村门头沟科技园创新创业示范基地认定和管理办法》《中关村国家自主创新示范区优秀人才支持资金管理办法》等政策。同时，中关村门头沟科技园促进企业以"合同包"形式开展对《科技研发工作暂行办法》《北京市支持中小企业发展专项资金管理暂行办法》《北京市鼓励海外高层次人才来京创业和工作暂行办法》等的落实，促进人才引进、投资优惠。

2017 年 3 月，门头沟园发布了《中关村门头沟科技园人才公寓管理暂行办法》。中关村门头沟科技园人才公寓是指由政府提供政策性资金支持，面向园区内创新创业企业，以低于市场房屋租赁价格提供的短期周转性租赁住房。

第十三节　怀柔区科技金融生态系统

怀柔区目前着力打造怀柔科学城、影视产业示范区、国际交往新区和生态宜居新典范，见图 3.57。2017 年，怀柔区实现地区生产总值 285.8 亿元，较 2016 年增长 10.2%[①]；其主导产业为汽车制造业、食品饮料制造业和印刷包装业。

图 3.57 怀柔区科技金融生态系统分布

资料来源：百度地图。

2017 年，怀柔区围绕打造"百年科学城"目标，统筹推进怀柔科学城建设，清退科学城内一般制造业 10 家。高新技术企业达到 191 家，技术合同成交额达 12.2 亿元，中关村怀柔园总收入为 541 亿元，增长 25%。[②]

一、产业发展

2016 年，怀柔区企业研发投入为 5.15 亿元，与上一年基本持平；研

---

①② 北京市统计局：《北京市区域统计年鉴－2018》，中国统计出版社 2018 年版。

发人力资本投入逐年增长，科技活动人员为 2638 人，相比上一年增加 24.02%；发表科技论文 33 篇；全区专利申请量为 1130 项，同比增长 21.77%；专利授权量为 533 项；技术市场成交额达到 11.05 亿元；工业企业高技术产业出口额达 9565 万美元。[①]

　　怀柔区最主要的产业园区位于雁栖经济开发区，由纳米科技产业园、科技服务产业园、数字信息产业园三大特色园区和都市产业园组成。三大特色产业园以科研院所为科技基础，激发科技创新动力，推动产业化进程，形成产业化基地；都市产业园则依托于怀柔区已形成的成熟产业，见图 3.58。

图 3.58　怀柔区产业发展

二、科技资源

　　怀柔区的科研机构和研发部门集聚于各产业园，围绕产业进行科技活动，同时也服务于产业发展。其中最典型的是北京纳米科技产业园中的北京纳米能源与系统研究所和中科院怀柔科教产业园中入驻的十二家研究所。

　　北京纳米能源与系统研究所是中科院与北京市为落实中组部引进"千人计划"顶尖人才王中林院士及其创新团队项目合作共建的科研机

---

① 北京市统计局：《北京市区域统计年鉴－2018》，中国统计出版社 2018 年版。

构。目前已申请各项专利 437 件，获得授权 150 件、国际专利授权 10 件。科研人员达到 80 名，高级职称 44 人，国家、中科院及北京市的人才项目 38 个。

此外，共 12 家研究所入驻中科院怀柔科教产业园，有中国科学院电子学研究所、中国科学院力学研究所、中国科学院国家空间科学中心、中国科学院计算机网络信息中心、中国科学院前沿科学与教育局、中国科学院自动化研究、中国科学院生态环境研究中心、中国科学院地质与地球物理研究所、中国科学院纳米能源与系统研究所、中国科学院山西煤炭化学研究所、中国科学院理化技术研究所、中国科学院高能物理研究所等，这些研究所支撑着材料科学、能源科学、生命科学、环境科学、空天科技等国家重点支持的领域。

三、金融支持体系

（一）政府财税支持

怀柔区政府于 2018 年 7 月推行了《怀柔区促进区域经济发展若干政策（试行）》，加快怀柔科学城经济结构调整和产业升级，深入实施创新驱动发展战略，引导创业投资、企业总部、科技研发等企业在怀柔科学城聚集发展，见表 3.15。

表 3.15　　　　　　　　　怀柔区主要财税支持方式

支持类型	具体措施	详情
补贴	租金补贴	对新入驻的企业租用各类厂房楼宇，每平方米年度区域贡献达到 300 元的，可连续 3 年按 60%、40%、20% 的房租比例给予租金补贴支持；认定为市级或国家级孵化器的按照实际经营面积每天每平方米 1 元进行补贴，连续补贴 3 年；对经认定的入驻孵化平台的优质企业，可按照实际使用面积给予全额租金补贴，孵化期限 3 年
	资金支持	对企业新设立的院士工作站给予最高 30 万元资助；对企业新设立的博士后科研工作站给予最高 20 万元资助； 对在怀柔登记的企业技术合同年度交易总额排在前三位的企业，分别支持资金 20 万元、10 万元、5 万元

续表

支持类型	具体措施	详情
奖励	对企业研发机构奖励	对首次获得国家高新技术企业认定的和区外新迁入的国家高新技术企业给予30万元的奖励；对新认定为市级的企业研发机构，一次性给予100万元奖励；对新认定为国家级的企业研发机构，一次性给予300万元奖励
	对服务机构奖励	对贡献突出的知识产权运营服务机构，给予最高不超过30万元奖励
	鼓励企业上市奖励	对在主板和境外证券市场新上市的企业给予一次性400万元奖励；对在创业板新上市的企业给予一次性300万元奖励
贴息	贷款贴息	对企业以知识产权质押方式向银行贷款的，按照当年中国人民银行同期贷款基准利率的50%给予贴息补助，贷款贴息不超过1年，贴息最高不超过30万元
	成果转化产业基金	怀柔区政府设立规模100亿元的怀柔科学城成果转化产业基金，支持科学城内优质高新技术企业科技研发、成果转化、产业升级
其他	园区特色基金	2018年9月，中关村为王中林院士及其创新团队设立纳米新材料产业基金，即中关村发展先进材料创新基金，基金规模3亿元，为纳米所科技成果转化提供科技金融支持，围绕王中林院士及其团队的研究进展及成果转化的资金需求进行投资，加大对产业关键共性技术和贯穿创新链科技创新项目的支持力度

资料来源：根据相关政府网站整理而得。

（二）科技贷款

中国工商银行（以下简称工行）北京怀柔支行积极顺应怀柔区建设，坚持以创新思维服务辖内新行业、新业态、新模式的中小企业，满足区域内的多元化金融需求，扎实推进普惠金融的发展。截至2018年第三季度末，该行公司贷款余额超40亿元人民币，较年初增加17.4%。

工行怀柔支行积极支持全国科技创新中心基础建设，组成专属服务团队为怀柔科学城项目定制了综合融资、开户和结算服务方案。2018年是怀柔科学城项目全面突破的关键之年，相关项目手续齐全后，工行在双方战略合作协议的基础上，仅用一周时间就完成了审批，成为首个支持怀柔科学城融资的金融机构。

工行怀柔支行积极融合金融科技与金融创新，以更具活力、更加高效的"新金融"服务模式，为辖内中小企业提供综合金融创新解决方案。向落户的企业给予各种优惠和扶持，为具有发展潜力但缺乏抵押物的中小客户提供融资支持，创新推出"银政通"产品；为科学城项目建设中的优质科技型企业提供"科技通"产品，增强中小企业的创新动力、活力和实力，形成更具竞争优势的产业集群，为企业的长远发展提供坚实的保障。

工行怀柔支行认真落实各级政府、监管部门和总分行关于减轻小微企业经营负担的政策和具体要求，实行减费让利政策，推出续贷业务，尽力降低小微企业的融资成本。针对经营基本面较好、贷款已到期、暂时资金困难的存量企业，提前开展贷款调查和评审，采用续贷方式维持企业的资金需求，确保实现无缝转贷，使企业免于拆借过桥资金，降低融资成本，助力小微企业"过坎儿"。

（三）创业投资

2018 年，怀柔区获得风险投资 128.50 百万元，较 2017 年有所下降；创业投资机构数量为 122 家，资本类型以本土为主。共发生 54 件投资事件，较上一年增加了 12.5%，见图 3.59。

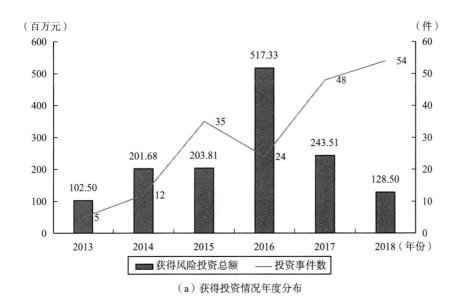

（a）获得投资情况年度分布

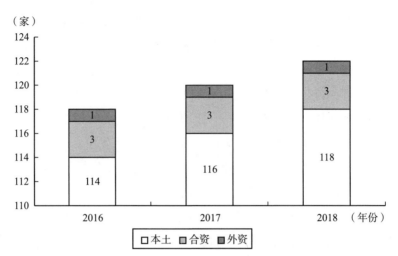

（b）投资人数量及资本类型年度分布

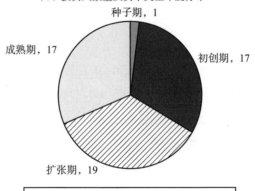

（c）2018年投资事件的投资阶段分布

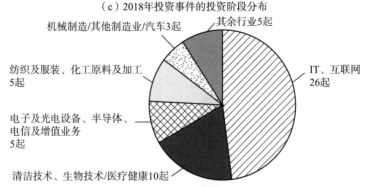

（d）2018年投资事件的行业分布

图3.59　怀柔区风险投资情况

资料来源：清科数据库。

从投资事件的阶段分布来看，主要集中于企业初创期、扩张期和成熟期。从投资事件的行业分布来看，主要集中于 IT/互联网（48.15%）和清洁技术/生物技术/医疗健康（18.52%）。

（四）鼓励上市

为了助力企业做大做强，怀柔区雁栖开发区通过组织举办新三板挂牌流程和条件宣讲会、新三板上市沙龙等活动，邀请上市公司董秘、律师等专业人士为企业答疑解惑，推动园区企业挂牌上市。

园区内还采取了创新招商模式助推产业升级：一方面，充分利用北京市科委协调全市的科技金融资源，每两个月开一次园区推进专题会，推动项目研发；另一方面，拓展新的招商渠道，积极参加各类项目推介会、投资洽谈会，如北京国际科技产业博览会、中国国际工业博览会等。

四、科技金融服务体系

（一）众创空间和孵化器

园区联合中科院北京综合研究中心成立了中科雁栖湖企业创新服务平台公司，为创业企业提供科研设施共享、研发外包、知识产权交易等服务。

面向特色产业纳米科技产业发展，组建纳米科技孵化器。纳米科技产业园孵化器建设项目主要研究制定北京纳米科技产业园中小企业孵化模式和培育机制；研究制定"北京纳米技术科技企业孵化器"市场运营规划；搭建北京纳米科技产业园孵化平台，包括公共信息服务平台和公共技术研发服务平台。

（二）政策支持

根据《北京城市总体规划（2016～2035 年）》中的指示，"突出创新发展，依靠科技、金融、文化创意等服务业以及集成电路、新能源等高技术产业和新兴产业来支撑。……坚持提升中关村国家自主创新示范区的创新引领辐射能力，规划建设好中关村科学城、怀柔科学城、未来科学城、创新型产业集群和'中国制造 2025'创新引领示范区，形成以三城一区为重点，辐射带动多园优化发展的科技创新中心空间格局，构筑北京发展新高地……"

（三）平台建设

中关村怀柔园申报建立了远郊区县首个"博士后（青年英才）创新实践基地"，积极为进站人才、进站项目提供服务保障，为中科合成油、碧水源膜等多家高新技术企业，引进行业领军人才 8 名。组织成立高端领军人才专业技术资格推荐委员会，服务于中关村怀柔园非公经济组织，为区域经济发展和科研项目创新研发做出突出贡献的人才，可不受学历、资历、职称等因素限制，直接推荐申报本市高级工程师专业技术资格。一系列人才集聚政策和服务，使高层次人才在怀柔园无后顾之忧，努力为高层次人才营造优质的发展环境。

园区同时提供创业服务对接平台，组织举办首届"纳米之星"新材料创业大赛，发掘纳米领域优秀创业企业和创业团队。

第十四节　平谷区科技金融生态系统

平谷区位于北京市的东北部，距北京市区 70 公里；平谷区东、南、北三面环山，其中山区面积占 59.7%，耕地面积 11.51 万亩。平谷区是北京市农业大区，农业在区域经济发展中占有较大的比重。2017 年末，常住人口达 44.8 万人。2017 年平谷区实现地区生产总值 233.6 亿元，较 2016 年增长 7.0%。[①]

一、产业发展

2016 年，平谷区企业研发投入为 1.54 亿元，同比增长 1.09%；专利申请量为 530 项，同比增长 31.19%；专利授权量为 322 项；技术市场成交额达到 6705 万元。[②]

2018 年，平谷区立足北京全国科技创新中心定位，挖掘平谷农业大区优势，将农业与科技创新相结合，建设农业科技创新示范区，推动农业

---

①②　北京市统计局：《北京市区域统计年鉴－2018》，中国统计出版社 2018 年版。

科技创新和成果转化,打造北京农业"中关村",见图 3.60。

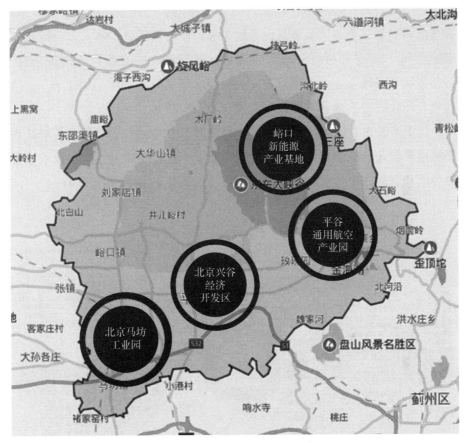

图 3.60 平谷区科技金融生态系统分布

资料来源:百度地图。

2018 年 5 月,启动了"国家农业科技园区"申报工作。经过专家现场考察、视频答辩等程序,12 月 7 日,北京平谷国家农业科技园区正式被科技部认定为"第八批国家农业科技园区"。在国家农业科技园区的基础上,平谷区将围绕"绿色、优质、安全"的定位,最终努力建成"服务首都、带动京津冀、辐射全国"的"国家农业高新技术产业示范区"。

目前，平谷区涉农高新技术企业 20 家，市级以上农业产业化龙头企业 6 家，获得涉农专利 267 项。建立了北京食品安全检测装备工程技术研究中心、峪口禽业蛋鸡研究院等 11 家研发中心；已建立 4 个院士工作站；智慧蛋鸡和鲜切蔬菜国家级星创天地 2 家；科技特派员 286 人；获得省部级奖励 21 项。平谷科技资源不断聚集，涌现出一批农业科研创新平台，引领带动了一批农业重点项目实施。目前启动实施了"生态桥工程""现代农业产业融合"农业科技创新示范区重点科技攻关项目。

接下来，平谷区将按照"三区一口岸"的功能定位，推动农业科技创新和成果转化，围绕现代种业、智慧农业、农业智能装备、生物技术、营养健康和食品安全监测六大方向，推进"四区"建设，见图 3.61。

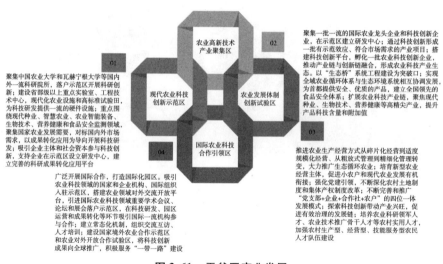

图 3.61　平谷区产业发展

二、科技资源

平谷区为打造农业科技创新示范区，积极引进科研力量，形成了与高校、院士、企业合作的具有平谷特色的科技创新体系。

一是与中国农业大学、北京科技大学和北京农学院签署战略合作协议，共建中国农业大学"国家农业科技创新港"、北京科技大学"平谷生物农业研究院"、北京农学院"北京农村基层干部人才培训基地",推进农业科技多领域合作。

二是区科委作为联系单位与赵春江院士对接,达成建立"赵春江院士平谷工作站"的共识,在平谷区的大桃无损检测及产品分级、农业节水综合管理、农业基础设施智能化和产业提升等方面开展实验示范。

三是配合北京市农委推动北京市与荷兰瓦赫宁根大学在平谷区共建"北京—WUR农业科技创新中心",将设置农产品质量安全、生态农业和林业、现代种业、温室园艺业、集约化畜牧业、现代农业智能装备、现代农业职业教育7个研究室。

四是组织、策划、包装"平谷区生态桥工程关键技术集成与示范""北京都市型智慧农业产业提升数字化支撑技术集成创新与应用""基于桃花活性组分的高值化产品开发及示范"重点科技项目,推动平谷农业科技创新区建设,打造高精尖农业产业。

三、金融支持体系

(一)政府财税支持

建立中关村平谷园高精尖产业发展基金,以参股方式与社会资金开展合作,引导各类资金支持初创期、成长期的高精尖产业领域的企业发展。整合谷城担保公司和平信担保中心重新组建谷城担保有限公司,并且成立了平谷区中小企业信用促进会。

(二)创业投资

2018年,平谷区获得风险投资154.93百万元;创业投资机构数量为202家,且全都为本土投资人。2018年平谷区共发生22件投资事件。从投资事件的阶段分布来看,主要集中于企业初创期、扩张期。从投资事件的行业分布来看,主要集中于IT/互联网(45.45%)和教育与培训/娱乐传媒(27.27%),见图3.62。

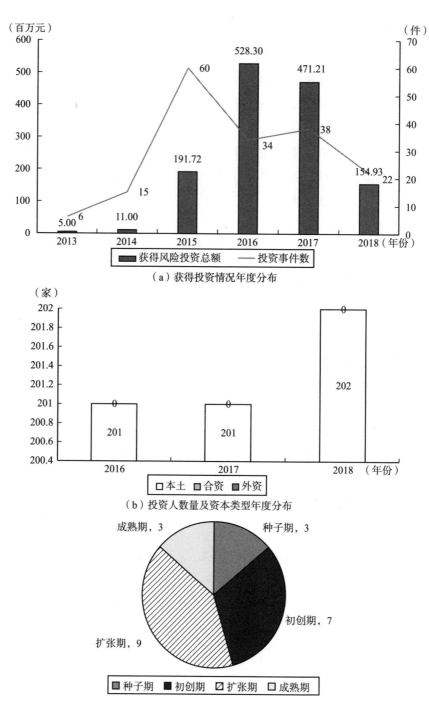

（a）获得投资情况年度分布

（b）投资人数量及资本类型年度分布

（c）2018年投资事件的投资阶段分布

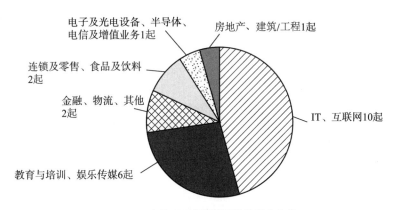

（d）2018年投资事件的行业分布

图3.62　平谷区风险投资情况

资料来源：清科数据库。

（三）鼓励上市

加强与首农食品集团对接，签署战略合作协议，共同推进"生物种业技术创新中心"落地；共同成立"平台公司"，近期完成注册等各项工作。首农食品集团将全面参与平谷农业科技创新示范区建设，参与峪口镇核心区的规划编制；定期召开入区高新企业座谈会，中关村政策宣讲会等帮助企业发展。

四、科技金融服务体系

（一）众创空间和孵化器

园区拥有兴谷孵化中心、马坊创业大厦、环渤海创业大厦等服务机构，可为各种创新创业企业及项目提供全方位的支持。

（二）政策支持

按照《北京城市总体规划（2016～2035年）》对平谷区的功能定位要求，由瓦赫宁根大学、弘都设计院等专业机构编制了平谷农业科技创新示范区规划，指导平谷农业科技创新示范区建设。

（三）平台建设

成功举办"首届北京平谷农业科技创新发展高峰论坛"，旨在以科技助力食品暨农产品精加工产业转型升级，推进平谷农业科技创新示范区建设，为京津冀地区食品暨农产品精加工企业与全国各大院校科研院所和科技成果转化机构搭建了一个可持续合作的平台。既是平谷区农业科技创新示范区建设的成果，又是政府通过科技创新扶持民营经济发展的一次体制与机制的创新。

第十五节　密云区科技金融生态系统

密云区位于北京市东北部，属生态发展涵养区，见图 3.63。密云区经济技术开发区于 1992 年建立，2012 年 10 月 13 日，经国务院批准，密云经济开发区正式纳入中关村国家自主创新示范区"一区十六园"。

图 3.63　密云区科技金融生态系统分布

资料来源：百度地图。

一、产业发展

2012 年以来，密云区企业研发投入持续增加，在 2017 年达到 1.85

亿元，同比增长 9.5%；拥有研发人员 1954 人，同比增长 169.89%。①

2017 年，密云区专利授权量达 682 项，比上年增加 69.7%。近 7 年来，密云区技术市场成交额逐年增加，2017 年，技术合同成交额的绝对数值达到 3.6 亿元，同比增长 62.2%；新产品销售收入达到了 75.8 亿元，同比增长 0.28%。截至 2018 年，密云区高新技术企业有 149 家，涉及电子与信息、先进制造技术、生物工程与新医药、新材料及应用、新能源等产业；瞪羚企业 45 家。2017 年，密云区高新技术企业实现利润 12.21 亿元，同比增长 0.89%②。

密云园现有入区企业 236 家，其中工业企业 200 家。初步形成了以北汽福田、万都为代表的汽车及零部件产业；以赫宸环境、中科恒源为代表的节能环保产业；以今麦郎、伊利为代表的绿色食品产业；以康辰、美中双和为代表的生物医药产业。"十三五"期间，密云园将全面促进传统产业向高新技术产业跨越，推进总部经济、高端制造、生物医药、节能环保、互联网＋等新兴高端产业不断发展壮大，见图 3.64。

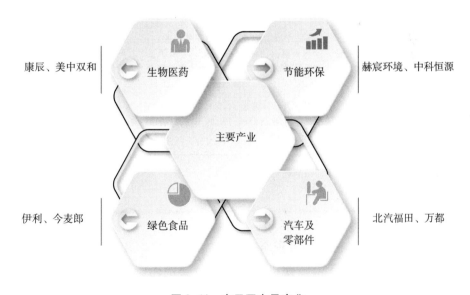

图 3.64　密云区主导产业

①②　北京市统计局：《北京市区域统计年鉴－2018》，中国统计出版社 2018 年版。

二、金融支持体系

（一）政府财税支持

为培育和发展生物医药、汽车零部件等特色主导产业，区财政拨付专项资金助力企业的引入和发展。为此在众多方面对高新技术企业进行了奖励，见表3.16。

表3.16　　　　　　　　　　密云区主要财税支持方式

支持类型	具体措施	详情
补贴奖励	奖励品牌企业	对被认定为中国驰名商标或中国知名品牌的持有人一次性奖励100万元；对被认定为北京市著名商标或北京知名品牌的持有人一次性奖励50万元
	奖励招商中介	鼓励中介机构参与密云区招商引资工作，并按照中介机构为密云区引进企业的区域综合贡献的5%~10%给予一次性奖励，最高奖励金额不超过200万元
	补贴电商企业	支持在密云区注册的电子商务企业，凡企业年度网上社会消费品零售额首次达到2000万元、5000万元、1亿元，可按达标社会消费品零售额总量的1%给予一次性资金支持
减税	园区内企业减税	年纳税形成财政收入300万元以上的企业，可按照营业税总额的30%、企业所得税总额的12%、增值税总额的7.5%给予企业财政资金支持

资料来源：根据相关政府网站整理而得。

（二）创业投资

2018年，密云区风险投资金额为1211.76百万元，较2017年有所上升，投资事件共12件。从投资事件的阶段分布来看，企业种子期投资事件只有1起，而企业初创期、扩张期、成熟期分别为3件、4件、4件。从投资事件的行业分布来看，主要集中于IT/互联网（41.67%）和电子及光电设备/半导体/电信及增值业务（25%）。密云区创业投资机构数量为 115 家，其中本土投资人 114 家，近三年来数量有小幅上升。截至 2018 年，密云区投资机构的管理资本量为 15.27 亿元，见图 3.65。

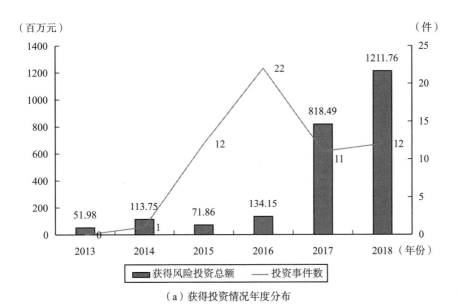

（a）获得投资情况年度分布

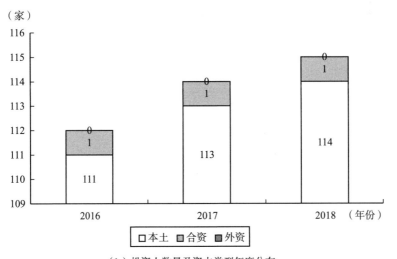

（b）投资人数量及资本类型年度分布

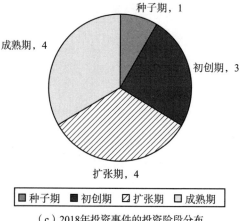

（c）2018年投资事件的投资阶段分布

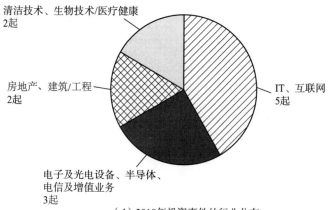

（d）2018年投资事件的行业分布

图 3.65 密云区风险投资情况

资料来源：清科数据库。

三、科技金融服务体系

密云区有国家级"星创天地"7家，数量居全市第二位，生态涵养区首位。"星创天地"是发展现代农业的众创空间，是新型农业创新创业一站式开放性综合服务平台。它旨在通过市场化机制、专业化服务和资本化运作方式，利用线下孵化载体和线上网络平台，聚集创新资源和创业要素，促进农村创新创业的低成本、专业化、便利化和信息化。

第十六节　延庆区科技金融生态系统

　　2012 年，原延庆县八达岭经济开发区、延庆经济开发区和康庄农民就业产业基地组成了中关村延庆园，纳入国家级中关村国家自主创新示范区，成为"一区十六园"之一。其中，八达岭经济开发区和延庆经济开发区是市级经济开发区，见图 3.66。

图 3.66　延庆区科技金融生态系统分布

资料来源：百度地图。

一、产业发展

　　延庆区的科研经费支出呈波动增长，专利申请数量和专利授权数量都在近五年呈快速增长趋势。2016 年，科学研究和技术服务业从业人员达 1547 人，比上年增加 485 人；专利申请量和专利授权量分别为 234 项、93 项，比上年增长 68%、11%。2017 年延庆区有北京市专利试点培育单位 2 家。[①]

2017 年，延庆区签订各类技术市场成交合同金额约 2 亿元，比上年增加 64.8%。[②] 2018 年，延庆区瞪羚企业共计 16 家。截至 2018 年 12 月 30 日，中关村延庆园新增高新技术企业 74 家；进入高新技术企业名录库的企业超过 130 家，涵盖电子与信息、航空航天技术、环境保护技术、生物工程和新医药、先进制造技术、新材料及应用技术、新能源与高效节能技术以及相关技术领域。

中关村延庆园将以八达岭经济开发区、延庆经济开发区和康庄农民就业产业基地为依托，形成"一园多基地"的空间布局。园区规划构建"121"产业集群创新引领的发展格局，其中"1"是加快新能源环保产业集聚；"2"是要加快培育高端装备和通用航空两个产业集群；"1"是促进延庆园现代服务业集群高端发展，见图 3.67。

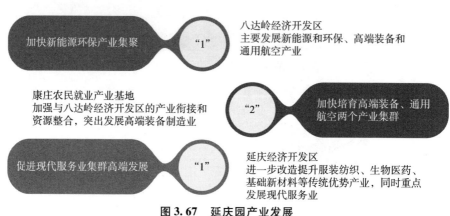

图 3.67　延庆园产业发展

二、科技资源

光伏光热、风电、节能等新能源环保企业持续集聚，2018 年，能源

---

①② 北京市统计局：《北京市区域统计年鉴 - 2018》，中国统计出版社 2018 年版。

互联网综述示范项目获批，新引进 19 家新能源节能环保企业。中关村现代园艺产业创新中心落户延庆，现代园艺产业集聚区"一区多园"总体布局基本形成，总部投入使用，引进园艺花卉类企业 34 家、科研机构 10 户。启迪延庆创新创业基地和中关村智造大街延庆服务平台正式运行，50 家创新型企业入驻，引进 5 家无人机企业。

三、金融支持体系

（一）政府财税支持

为抓紧筹办 2019 年世园会和 2022 年冬奥会的重大机遇，培育和发展体育科技等特色主导产业，延庆区财政拨付专项资金，保证延庆·启迪之星体育科技创新园建设运营顺利开展。目前，体育科技创新园已经储备一批"高精尖"产值在 1000 万元以上的项目，首批共签约 31 家企业，其中正在办理注册登记手续的企业 24 家，正在对接意向的企业 7 家。

2017 年 7 月，中关村科技园区延庆园管委会正式发布《中关村国家自主创新示范区延庆园促进创新创业发展支持资金管理办法（试行）》。为构建中关村国家自主创新示范区延庆园创新创业生态系统，延庆区财政局每年安排 3000 万元作为延庆园创新创业发展支持资金，并纳入每年财政预算。设立政府引导基金、产业基金、基础设施建设基金等子基金，具体基金设立方案、规模、权利义务、管理方式等按照一事一议的原则报区政府审定，支持企业科技研发和成果转化，鼓励企业利用多层次资本市场融资，鼓励本地大学毕业生创新创业等。

（二）创业投资

延庆区 2018 年有 3 家企业获得风险投资总金额约 7 百万元，延庆区投资机构以本土企业为主，没有外资投资人。从投资事件的阶段分布来看，主要集中于企业种子期、成熟期。从投资事件的行业分布来看，分别在机械制造/其他制造业/汽车、金融/物流/其他和清洁技术/生物技术/医疗健康三个行业各有 1 起投资事件，见图 3.68。

科技金融立体图景：北京市年度观察（2018）

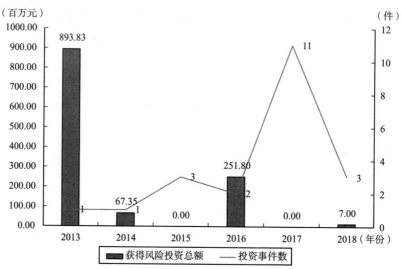

（a）获得投资情况年度分布

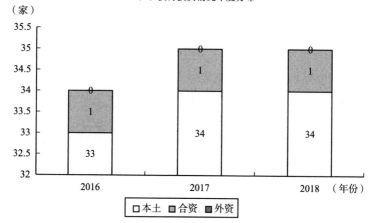

（b）投资人数量及资本类型年度分布

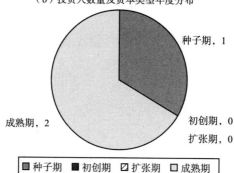

（c）2018年投资事件的投资阶段分布

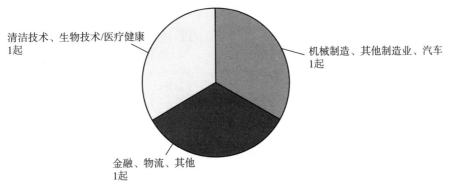

清洁技术、生物技术/医疗健康
1起

机械制造、其他制造业、汽车
1起

金融、物流、其他
1起

（d）2018年投资事件的行业分布

图 3.68　延庆区风险投资情况

资料来源：清科数据库。

四、科技金融服务体系

延庆区科技金融服务体系主要包括众创空间和孵化器、创业服务对接平台和企业服务平台等方面，见图 3.69。

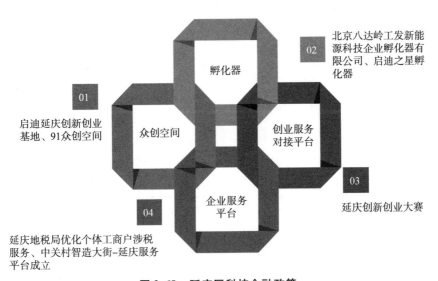

孵化器

02 北京八达岭工发新能源科技企业孵化器有限公司、启迪之星孵化器

01 启迪延庆创新创业基地、91众创空间

众创空间

创业服务对接平台

企业服务平台

03 延庆创新创业大赛

04 延庆地税局优化个体工商户涉税服务、中关村智造大街–延庆服务平台成立

图 3.69　延庆区科技金融政策

（一）孵化器

延庆区的孵化器主要有北京八达岭工发新能源科技企业孵化器有限公司及启迪之星孵化器。

北京八达岭工发新能源科技企业孵化器有限公司是延庆区唯一的企业孵化器运营机构。该公司成立于 2009 年 8 月，主要经营科技企业的孵化、节能环保产品的技术开发、技术咨询、技术服务等。截至 2018 年 8 月 30 日，平台注册企业共 764 户，其中科技企业 232 户、文化企业 53 户。

启迪之星前身是成立于 1999 年的清华创业园，是科技部火炬中心认定的首批国家级孵化器，确立了"孵化＋投资"的发展模式和专业孵化器的发展方向；是国内线下覆盖网络最全的创业孵化器。

（二）众创空间

91 众创空间，是延庆首家国家级众创空间，成立于 2015 年 9 月 1 日，发展至今已有金融街空间、马甸空间、延庆空间。2016 年 10 月获评国家级众创空间。91 众创空间面向信息软件、"互联网＋"创业创新成长型小微企业，形成北京代表性企业创新研发基地，打造众创空间、创新工场孵化模式，构建成低成本、便利化、全要素、开放式的众创空间。91 众创空间（延庆空间）隶属于中关村延庆园，入驻企业享受科技部、发改委等国家部委优惠政策。

（三）平台建设

创业服务对接平台：2018 年 12 月，"美丽世园·科技冬奥"2018 延庆创新创业大赛决赛暨中关村延庆园第一届双创节在北京延庆园企业之家举行。来自智能、通信、光电、机器人、新能源等细分领域的 36 家企业从 500 多家中外报名海选企业中脱颖而出进入决赛，经过项目路演、评委打分环节比拼。延庆区委、区政府采取创新举措，将创业创新与冰雪体育、现代园艺两大产业相结合，以优质项目路演竞赛、落地发展推动产业发展，为延庆引进新技术、新模式、新业态和优秀人才，为世园会、冬奥会提供了有力的科技支持。2018 年延庆创新创业大赛由延庆区政府和启迪控股联合主办，中关村科技园延庆园管委会、启迪之星（北京）科技企业孵化器承办。

　　企业服务平台：延庆地税局优化个体工商户涉税服务：延庆地税局采取多项措施，持续优化"两证整合"后个体工商户涉税服务。充分利用信息共享平台，加强与国税、工商部门之间的沟通协调，建立信息共享机制。通过金税三期系统实现税务数据共享，确保真实有效。主动适应"两证整合"之后个体工商户办理注销手续的新要求，国税部门前期受理后，主管税务所审查材料，做好信息查验、税款审核，根据前期信息完成清税清票工作，形成税务干部受理清缴、所长审核、服务厅发放《注销事项通知书》的纵向结构。截至 2017 年 7 月，全区共有 293 户个体工商户实现"两证整合"。

　　中关村智造大街—延庆服务平台于 2018 年 4 月成立。5 月举办了"北京市高精尖项目落地交流会"，交流会后还有高精尖项目座谈交流、创新型科技服务专家坐诊。